Création et Destruction

Le mystère des cycles économiques et humains

©2023. EDICO
Édition : JDH Éditions
77600 Bussy-Saint-Georges. France
Imprimé par BoD – Books on Demand, Norderstedt, Allemagne

Préface : Jean-David Haddad

Conception et réalisation couverture : Cynthia Skorupa

ISBN : 978-2-38127-341-9
Dépôt légal : septembre 2023

Thomas Andrieu

Création et Destruction

Le mystère des cycles économiques et humains

JDH Éditions

Les Pros de l'Éco

Préface de Jean-David Haddad

On dit que les cerveaux quittent la France. Pour le moment, celui de Thomas Andrieu est toujours là… Pour combien de temps ? Notre système éducatif qui tend à uniformiser les esprits, à les former à un moule figé, fait de doctrines étatistes, permettra-t-il au jeune Thomas d'avoir la lumière qu'il mérite ? Ou bien ira-t-il la chercher ailleurs ?

Pour ses 20 ans, il s'offre le luxe d'un cinquième livre.

Après *2021, prémices de l'effondrement*, *La liberté assassinée*, *L'or et l'argent* et *Révolution cryptos*, qu'il a publiés à respectivement 16 ans, puis 17, puis 18, puis 19… Voici *Création et Destruction*, son nouvel ouvrage dans lequel notre jeune génie mêle l'économie, les mathématiques, la philosophie, l'histoire, la métaphysique… pour nous parler des cycles. Les cycles, ces éternels recommencements, ces répétitions inlassables de l'Histoire sous des formes différentes… Les cycles, si peu formalisés en France, si peu enseignés et qui ont pourtant une puissance prédictive certaine. Mêlant René Guénon à Kondratiev, la Bible à Marc Aurèle, la géométrie cosmique à la monnaie et à l'inflation, vous avez entre les mains un texte unique et sans pareil, sans équivalent. J'en finis par me demander ce que Thomas publiera à trente ans, à quarante ou à cinquante ! J'en finis par me demander s'il fera de la recherche et s'il aura un prix Nobel un jour.

Ce livre permet d'expliquer, en mélangeant toutes les sources de savoir, les mystères des cycles et leur pouvoir prédictif sur l'économie et sur l'organisation des sociétés humaines. L'auteur n'est ni un pessimiste, ni un optimiste, il a juste une ouverture d'esprit digne d'un compas à 180 degrés. Ce qui ne l'empêche pas d'avoir la rectitude de l'équerre dans ses démonstrations.

Un livre unique pour un auteur hors-norme, découvert par JDH Éditions.

Jean-David Haddad
Professeur Agrégé de Sciences économiques et sociales
Éditeur (JDH Éditions)
Rédacteur en chef de Francebourse.com

« La première application que je fis de mon esprit fut de re-
chercher et d'examiner avec soin tout ce qui se passe sous le
soleil. J'arrivai bientôt à reconnaître que c'est la pire des oc-
cupations que Dieu ait donnée aux fils d'Adam pour s'y
user. »

— L'Ecclésiaste, II

J'ai volontiers donné à cet ouvrage un air atypique et succin. Après tout, je n'ai qu'un seul regret… Que la vie soit si courte pour que l'on m'ait donné une si grande passion dans ce monde que j'aime tant…

J'ai donc voulu que chaque lecteur lise ce livre sans le catégoriser à un domaine ou à un style, de sorte que l'appréhension sincère des concepts soit complétée. J'espère qu'il y a dans ce livre de quoi rassasier des esprits pour plus que la seule question des processus économiques et financiers, car toujours les passions viennent d'ailleurs.

La passion prend parfois le dessus sur la raison, mais l'écriture est ce superbe défi qui pousse ceux qui la pratiquent à aller jusqu'aux limites de l'ineffable.

Introduction

« Le hasard, c'est peut-être le pseudonyme de Dieu quand il ne veut pas signer[1]. »

Ces mots sont ceux de l'écrivain Théophile Gautier (1811-1872). En réécrivant ces mots, je me suis aussitôt souvenu qu'il me semblait que Théophile Gautier était mort à quelques dizaines de mètres de là… Moins d'une minute de marche à pied, et la stupéfaction s'emparait de moi en découvrant que Théophile Gautier a donné son dernier souffle à quelques pas de mon lieu d'écriture. Théophile Gautier était né dans le Sud, non loin de mon chez-moi natal, d'ailleurs. Inéluctablement, sa citation prenait évidemment tout son sens. Une fois de plus, me disais-je, les coïncidences n'ont rien de hasardeux lorsqu'on comprend les mécaniques suprêmes du temps. Cette introduction tombait à point nommé.

Il est assez mystérieux de constater, en dépit de l'abondance des données au XXIe siècle, qu'une large partie de la population n'attache aucune importance aux dynamiques qui la déterminent. Pourtant, il suffirait de pouvoir poser son œil sur les marchés financiers, sur les chiffres économiques, et dans une certaine mesure sur les dates de l'Histoire, pour découvrir bientôt une dynamique d'un autre ordre et d'une autre dimension. C'est dans les chiffres économiques et les cours de bourse, c'est-à-dire dans l'expression du libre ar-

---

[1] Théophile Gautier dans *La Croix de Berny* (1845, page 28). Cette citation fait écho à l'expression de Charles Maurice de Talleyrand Périgord avant lui.

bitre des individus, que l'on peut esquisser le mieux ce mouvement perpétuel des sociétés.

Il y a, parfois, en bourse et dans l'Histoire, des moments où le passé pèse comme une chape de plomb sur la tête de ceux qui se voyaient déjà proches du ciel. De remarquables régularités se dessinent chaque jour devant les yeux insouciants, et parfois crédules, des observateurs de notre société. Et comme le démontrait si bien le mathématicien Benoît Mandelbrot, «*la plupart des changements de prix sur une longue période étaient concentrés dans un nombre restreint de jours de trading, et c'était là que les fortunes se faisaient et se défaisaient[2]* ».

Malgré son génie, Théophile Gautier n'était malheureusement pas économiste. Il aurait été trop bon pour l'être. Mais c'est bien d'économie dont il s'agit ici, ou presque. Ces dernières années, d'immenses avancées scientifiques ont été réalisées dans les domaines de la finance et de l'économie. La diffusion des fractales et le perfectionnement de la compréhension du chaos bouleversent nos conceptions habituelles.

Une série d'analyses statistiques montrent clairement l'influence du temps sur les marchés. Par exemple, nous nous en tiendrons au fait que 7 % du temps explique jusqu'à 90 % des performances du bitcoin. De même, la performance moyenne du CAC 40 est deux fois supérieure entre novembre et avril face à la performance moyenne de l'ensemble de l'année. Parmi tous les cycles qui existent, le cours de l'Or laisse aussi apparaître un cycle de 16 ans, et le cours des indices boursiers laisse apparaître un cycle de 3,6 ans. Les chiffres en deviennent même explicites lorsqu'on

---

[2] *Fractals and Scaling in Finance* (1997), Benoît Mandelbrot, from Foreword and Preface, page 1.

s'aperçoit que le Dow Jones progresse selon un angle majeur de la symbolique circulaire depuis 1915. Mais ces chiffres empiriques ne démontrent pas pour autant l'essence de ce phénomène universel. L'effet du temps sur les marchés, et par conséquent sur notre société, n'est pas seulement prodigieux, il est proprement admirable. Dès lors, nous montrerons dans ce livre le rôle majeur des fractales sur les marchés, et, par suite, l'existence mathématique des cycles sur les évènements qui nous entourent. Il y a effectivement une force mystérieuse et pourtant si mathématique dans les phénomènes humains. Cette force ne relève pas du collectif car elle dépasse le collectif, et elle s'exprime manifestement dans la temporalité des évènements qui nous entourent.

Dans des temps assez récents, le caractère purement aléatoire des évènements économiques et de la trajectoire des marchés financiers a été mis de côté. Néanmoins, il est aussi évident que les évènements de ce monde sont aussi sujets à des bruits de court terme qui dépendent d'une dynamique plus aléatoire. L'enjeu de ces pages est donc de comprendre la manifestation empirique des cycles, et potentiellement aussi de saisir la manifestation des cycles dans l'enseignement des traditions.

Cependant, le cours de l'histoire économique récente nous rappelle combien le temps est de plus en plus important. La science économique a vu se développer des rangs d'économistes plus politiciens que financiers. Car lorsque John Maynard Keynes écrit en 1930 que la monnaie sera perçue au XXIe siècle comme une « *morbidité quelque peu dégoûtante* » en même temps qu'il qualifie l'Or de « *relique barbare* », cela est ignorer profondément que la monnaie symbolise, comme nous le verrons et dans sa nature même, les âges et les cycles ! Cette proposition n'est pas neutre, car elle confirme explicitement l'enseignement des cycles traditionnels.

Nous sommes dans un processus humain illustre, et plutôt que de trouver le sens de nos sociétés dans la recherche de l'Histoire, nous nous attachons à refaire la guerre, à centraliser les pouvoirs, à étouffer des innovations, et à commettre des erreurs irréversibles et incurables. L'illusion du contrôle intervient à chaque fois que les esprits sont de plus en plus dépendants de la masse et de ses dynamiques. Les confinements et la gestion volontaire d'une crise économique, l'incapacité des autorités à prévoir l'inflation et à réagir, les erreurs de politiques économiques et monétaires, le déclin amorcé de l'euro et de l'Europe avec le retour de la guerre et des tensions civiles, sont tous les maux d'un même vice. De grandes erreurs économiques et financières dont nous apercevons aujourd'hui les conséquences ont été commises ces dernières années, et ce à l'encontre des avertissements de la plupart des économistes libéraux. Mais ces évènements révèlent l'existence d'évènements d'un autre ordre, plus dynamiques et plus actifs que jamais.

Le manque de compréhension de la dynamique s'accroît à mesure qu'une infime portion de personnes particulièrement compétentes utilisent des méthodes toujours plus efficaces et complexes. Les travaux de ces dernières décennies ont montré avec quel brio le hasard était en grande partie une illusion, ou une simplification abusive de la réalité. Car plutôt que de concevoir l'économie comme une vulgaire suite de variables manipulables, nous devrions nous recentrer sur la temporalité des évènements récents. Mais il n'y a rien de nouveau, et William Gann écrivait déjà en 1927 que *« le grand public n'est pas encore prêt pour cela [les cycles] et probablement ne le comprendrait pas ou ne le croirait pas si je l'expliquais* ». Nous conserverons donc strictement l'avertissement de William Gann pour notre ouvrage. Les écrits présentés ne sauraient être un tapis rouge, ils seront pour certains la clé qui y mène. Il y a effectivement un certain nombre de personnes pour lesquelles l'exposition de ces faits empiriques ou de ces connaissances n'a qu'un effet misérable et contreproductif. En considérant les cycles, « *on méprisera tout ce qui est mortel* », disait Marc Aurèle.

Une célèbre expression dit : « *Les peuples heureux n'ont pas d'histoire.* » La société, pour autant qu'elle en soit consciente, n'est pas maître des cataclysmes qu'elle a engendrés à un rythme inégalé dans l'Histoire des derniers siècles. Nous laisserons à l'appréciation du lecteur les mots du brillant Cassiodore, qui écrivait déjà au VIᵉ siècle, à propos des périodes de la dévaluation de la monnaie, qu'en « *ce temps-là, on gémit tout autant d'être libre qu'on pleura sur son asservissement !* ». Et ne serait-ce que par ce fait, ce rythme du chaos, qui est celui de la civilisation actuelle, se traduit par d'innombrables régularités dans l'économie et la finance.

Selon la délicieuse formule du brillant économiste français Clément Juglar (1819-1905), qui fut un des premiers à mettre en relief de sa plume les cycles économiques d'une durée de 7 à 10 ans : « *Il ne faut donc jamais désespérer ni trop espérer de son pays, rappelant sans cesse que la plus grande prospérité et la plus grande misère sont sœurs, et se succèdent toujours.* » Lui qui écrivait déjà en 1862, à propos de la fluctuation du commerce et des revenus de la France et de l'Angleterre, qu'il existe « *une remarquable régularité que l'on ne saurait prendre pour une pure coïncidence[3]* ».

---

[3] *Des crises commerciales et de leur retour périodique en France, en Angleterre, et aux États-Unis* (1862), Clément Juglar.

La même année, son confrère britannique du nom de William Stanley Jevons (1835-1882) émettait des réflexions similaires sur la finalité de l'économie. Le personnage de William Jevons incarne à lui seul les plus grands penseurs de l'économie, et ses ouvrages sont denses. Il s'étonnait notamment de la régularité des phénomènes économiques, et ces phénomènes répondaient à des schémas qui font encore les adages de la Bourse du XXIe siècle. Par exemple, une étude approfondie des données de l'époque lui faisait écrire à propos des mois boursiers d'octobre et de novembre : « *Il y a une période propice à la détresse et aux difficultés commerciales pendant ces mois [octobre et novembre], dont toutes les personnes concernées doivent être conscientes*[4]. » En 1875, il théorisa l'idée d'un cycle économique structurel de 11,1 ans.

Outre-Atlantique, les prédictions de Samuel Benner sur l'évolution des prix du marché (le fer, le maïs, le porc, les paniques…) sont publiées en 1884. Samuel Benner était un simple fermier de l'Ohio. Pourtant, il a prévu une série de tendances et de paniques futures qui se sont avérées en grande partie véridiques, à commencer par la crise bancaire de 1890-1891. Selon une expression de son ouvrage que nous laisserons à la sensibilité du lecteur, « *Dieu est dans les prix* ».

En Europe, Clément Juglar et William Jevons ont impulsé une branche nouvelle de la lecture des phénomènes économiques. Au début des années 1900, les rumeurs couraient à Wall Street que certains financiers et groupes d'investisseurs de renom, comme Rothschild, avaient recours à l'étude des cycles. En 1923, alors que les échos de Wall Street arrivent

---

[4] *On the Study of Periodic Commercial Fluctuations* (1862), William Stanley Jevons.

au monde universitaire, un autre économiste britannique du nom de Joseph Kitchin (1861-1932) met en avant des cycles courts de 3 à 4 ans. Il énonça une observation intéressante : « *Un cycle sous la durée moyenne est souvent suivi d'un cycle au-dessus de la durée moyenne, et vice-versa, de sorte que la moyenne de deux ou trois cycles consécutifs est plus proche que le cycle unique à la moyenne générale.* »

Trois ans plus tard, l'économiste russe Nikolaï Kondratiev établissait l'existence de cycles longs, d'une durée comprise entre 48 ans et 60 ans. Nikolaï Kondratiev (1892-1938) rappelle mieux que tous que « *la dynamique de la vie économique est en réalité plus compliquée[5]* ». À la même époque, en 1927, une personnalité intrigante du nom de William Delbert Gann écrivait d'ailleurs que « *la théorie des cycles, ou l'analyse harmonique, est la seule chose à laquelle on peut se fier pour entrevoir le futur[6]* ».

Ce cycle long de Nikolaï Kondratiev est d'une importance capitale, car il établit enfin l'existence de propriétés harmoniques aux cycles. Nous aurons l'occasion de le développer au cours de cet ouvrage. Malheureusement, Nikolaï Kondratiev finira fusillé à la hâte par la police secrète sous l'ère de Joseph Staline, car de fait, et aujourd'hui encore, exprimer son appartenance au courant cyclique est une étrangeté dérangeante de la société étatique... Bien sûr, l'étude des cycles a connu une plus grande expansion dans la finance, et les auteurs sont relativement plus nombreux. Les théories qu'ils ont élaborées sont toutes aussi pertinentes les unes que les autres, et nous aurons l'occasion de les aborder.

---

[5] *Long Waves in Economic Life* (1926), Nikolaï Kondratiev.
[6] *The Tunnel Thru the Air* (1927), William Delbert Gann.

Mais Nikolaï Kondratiev n'était pas le premier à mentionner un cycle de 54 ans. Samuel Benner écrivait déjà en 1884 au sujet de nombreuses projections troublantes à nos yeux. Bien sûr, le recours aux cycles en économie cherche toujours à contredire une fâcheuse habitude de l'économie politique consistant à trouver une cause derrière les évènements. Le principe de causalité est proprement absurde dans un temps cyclique. Les auteurs sur la question des cycles sont plutôt enclins à trouver un principe éminemment supérieur aux dynamiques qu'ils observent, et à trouver une force qui dépasse les époques dans leur globalité, sans qu'aucune époque ne soit capable de se détacher de la trajectoire du tout. Cela peut être envisagé sous le sens traditionnel (et parfois religieux) ou dans le sens sociologique (fait social). C'est la multiplicité des causes qui fait la complexité du tout, et la complexité du tout qui s'élève au-dessus de la masse avec des signes caractéristiques. Réciproquement, les cycles ne sont pas à envisager dans ce qu'ils ont d'actuel ni d'extériorisé dans notre monde.

Après tout, Samuel Benner écrivait déjà en 1884 que « *tant que l'Histoire dans le détail ne se répète pas elle-même, le futur ne peut être jugé par le passé, et toutes les prospections humaines en termes de mouvements cycliques sont vaines ; et il n'y a rien de plus sûr et certain pour les hommes à la date et à l'âge présent que les taxes et la mort[7]* ».

Enfin, cet ouvrage n'est pas un ouvrage purement économique, ni purement un essai. Il s'est voulu digne d'intérêt par ce que l'économie doit inspirer d'humilité et de compréhension historique. Les références économiques sont mêlées aux références diverses, qu'elles soient mathématiques, fi-

---

[7] *Benners's Prophecies* (1884), page 43, Samuel Benner.

nancières, politiques ou, dans une certaine constance, plus spirituelles. La question spirituelle est ici envisagée car elle permet au minimum de comprendre l'origine des cycles dans la pensée, mais il ne s'agit pas pour le lecteur d'y adhérer. La simple mention des textes anciens devrait suffire à l'inspiration. Les cycles sont l'expression des enseignements traditionnels les plus précieux et immémoriaux de l'Humanité, réunis en outre dans les 7 grands principes de l'hermétisme, et par suite dans la plupart des philosophies. Nous espérons que le lecteur sera comme ce penseur du Kybalion, car « *si c'est un penseur, il comprend que chacune de ces choses changeantes ne doit être que l'apparence, la manifestation extérieure de quelque Pouvoir sous-jacent, de quelque Réalité substantielle* ». Nous préciserons conjointement que le principe de cyclicité est entièrement conforme à la pensée cartésienne. Dès lors, les cycles sont aussi bien enseignés dans la tradition que dans la science, en des formes certes très différentes, mais ces enseignements sont liés et doués d'une intuition commune formidablement préservée et que nous pensons juste d'exposer.

Ainsi, la conception ancienne des cycles et indissociable de la compréhension complète du principe de cyclicité. C'est seulement de cette manière que les cycles pourront être compris, appliqués et utilisés aux fins désirées, dans leur totalité. Nous n'avons souvent pas l'habitude d'édifier de tels livres, et sûrement ne sera-t-il pas au goût de tous, mais au goût de quelques-uns, assurément. Un ouvrage est toujours modeste de par l'ampleur de ceux qui le précèdent, et à ce titre, de nombreux ouvrages sont volontairement cités tout au long de ces pages. Notre ambition n'est pas de bâtir la théorie des cycles, car une vie entière ne suffirait pas, mais en de brèves et minces pages, nous restaurerons autant qu'il est de notre force un aperçu de l'immensité du monument des connaissances propres aux cycles.

PREMIÈRE PARTIE

LE MYSTÈRE DES CYCLES

CHAPITRE 1

L'Anomalie occidentale

« Il n'y a là rien dont on doive s'étonner, car l'idée de considérer l'histoire humaine comme isolée en quelque sorte de tout le reste est exclusivement moderne et nettement opposée à ce qu'enseignent toutes les traditions, qui affirment au contraire, unanimement, une corrélation nécessaire et constante entre les deux ordres cosmique et humain[8]. »

— René Guénon, article publié en 1937

Nous avons jugé nécessaire de commencer notre propos par une pensée quasi philosophique sur la finalité de l'économie. Ce chapitre sera donc en quelque sorte à part, mais pour autant indispensable à la compréhension du tout. Car si l'économie est un sujet complexe, comprendre l'économie comme une discipline héritée des ordres passés est absolument indispensable. La révolution récente permise par l'abondance des données statistiques a questionné la lecture politique de l'économie. Il est assez intrigant d'observer que les premiers écrits en économie, en particulier sur la question des cycles, refont aujourd'hui surface dans des termes nouveaux chez de nombreux scientifiques.

Nos sociétés restent globalement ignorantes d'un certain nombre de méthodes d'analyse et de réflexion. La modernité, qui a poussé le matérialisme à son stade le plus avancé, n'a pas arrangé les choses. Notre civilisation occidentale a

---

[8] Republié dans *Formes traditionnelles et cycles cosmiques* (1970), page 9, René Guénon.

perdu un certain nombre de connaissances traditionnelles dans sa course à la modernité, perdant dans le même temps toute possibilité de réflexion sur la régularité des dynamiques humaines.

Dans ce cadre, nous serons d'abord disposés à rappeler succinctement la signification spirituelle du cercle dans la plupart des traditions, et, par là, la signification du cycle dans les traditions. Le mot « *cycle* » lui-même nous vient du latin *cyclus*, hérité du grec *kyklos*, qui signifie proprement ce qui est rond, circulaire. Le cercle est un des symboles les plus universels et il se retrouve à peu près partout. Le cercle, dans la symbolique spirituelle, est l'œil qui voit tout et qui sait tout. La circonférence du cercle représente les différents états du monde, les positions différentes du temps et de l'espace. Le cercle apparaît alors comme fermé sur lui-même et condamné à un éternel recommencement. De son côté, le centre du cercle, comme au-delà de ses extrémités et des états du monde, reste éternellement fixe[9]. Il est un principe générateur, indispensable à l'équilibre des temps et des espaces : il transcende les époques et les lieux. Le cercle est donc aussi le symbole de l'harmonie et de l'unité. Le cycle, qui est une conséquence du cercle, nous invite à dépasser les simples évènements qui s'offrent à nous, pour déceler dans le chaos apparent l'harmonie du monde. Ainsi, la bague circulaire du mariage n'est pas dé-

---

[9] La fixité du centre dans le tracé du cercle est une condition indispensable à la régularité absolue du cercle. Nous pourrions étendre la symbolique spirituelle en supposant que le centre du cercle soit légèrement mobile lors de son tracé. Il en résulte que les états du monde (l'extérieur du cercle), qui suivent encore un principe général de cyclicité, connaissent cependant des irrégularités apparentes, qui sont en fait la manifestation des mouvements du centre. Cette extrapolation saurait nous être utile.

nuée de symbole. Nous pourrions aussi citer le Yin et le Yang, les gongs, les calendriers aztèques, les auréoles des anges ou les couronnes des rois centrées sur leur tête, les dômes des palais et des édifices qui convergent vers un point central plus élevé, la croix de vie des Égyptiens, les rassemblements des Indiens en cercle, et bien d'autres choses de la vie… Mentionnons encore dans le domaine de l'art l'invention du panorama, aussi désigné dans sa seconde acceptation comme un cyclorama. Le panorama est un grand tableau circulaire qui, nécessairement, se regarde du centre avec une lumière venant du haut pour admirer l'intérieur des 360° du tableau. L'objectif du panorama n'est autre que de « *créer une réalité de second ordre dans laquelle nous pouvons nous amuser avec ou pratiquer sur le premier ordre* ». Les cycles, qu'on le veuille ou non, sont partout.

Le philosophe grec Empédocle, qui vécut au Ve siècle avant notre ère, mérite également une attention toute particulière. Il enseigne en effet que l'Amour et la Haine règnent cycliquement sur l'Univers, ce que nous nommerions de nos jours comme l'expansion (la cohésion) et la dépression (la destruction). Réciproquement, il trouve dans le principe de cyclicité l'accomplissement même de l'intelligence humaine, telle « *une sphère parfaite, heureuse de sa stable rotondité* », où le centre de la sphère est comme au-delà des états et des pulsions. Il s'inspire notamment d'un certain Parménide, dont les mots doivent être l'objet de réflexions profondes. Ainsi, les connaissances propres aux cycles s'étendent bien au-delà de la période grecque et bien au-delà de la philosophie, elles sont une forme de perfection oubliée de la pensée humaine.

« Naître et périr, être et ne pas être,
changer de lieu, muer de couleur.

Mais, puisqu'il est parfait sous une limite extrême !
Il ressemble à la masse d'une sphère arrondie de tous
côtés, également distante de son centre en tous points.
Ni plus ni moins ne peut être ici ou là ;
car il n'y a point de non-être qui empêche l'être d'ar-
river à l'égalité ; il n'y a point non plus d'être qui lui
donne, plus ou moins d'être ici ou là, puisqu'il est tout,
sans exception. Ainsi, égal de tous côtés, il est néan-
moins dans des limites[10]. »

En géométrie, le cercle est l'élément primordial, et la plupart des figures géométriques sont dérivées du cercle (carré, triangle…). La sphère représente quant à elle la création manifeste, c'est-à-dire le cosmos. Dans le domaine symbolique encore, citons l'ouroboros qui se retrouve dans la plupart des traditions (Égyptiens, Aztèques, Grecs, Latins et Phéniciens, Chinois, hindous, etc.). Il symbolise le cycle d'évolution fermé sur lui-même. C'est à la fois le symbole de l'éternel recommencement, mais aussi le symbole du paradoxe et de la confrontation, de la dualité (« *le serpent qui se mord la queue* »), et qui transmet l'idée que les deux extrêmes se rejoignent (il est l'Alpha et l'Omega). De fait, son symbolisme suprême réside dans sa circularité. La circularité renvoie au symbole de l'unité fondamentale, au principe générateur de notre Univers, c'est-à-dire ce qui dépasse les états différents du monde et leurs oppositions. Nous pourrions encore citer, sans nous y étendre plus, le symbole du caducée, ainsi que le symbole de la lemniscate (symbole de l'infini).

---

[10] *Parménide*, VIII, *De la nature*, traduction française de Paul Tannery.

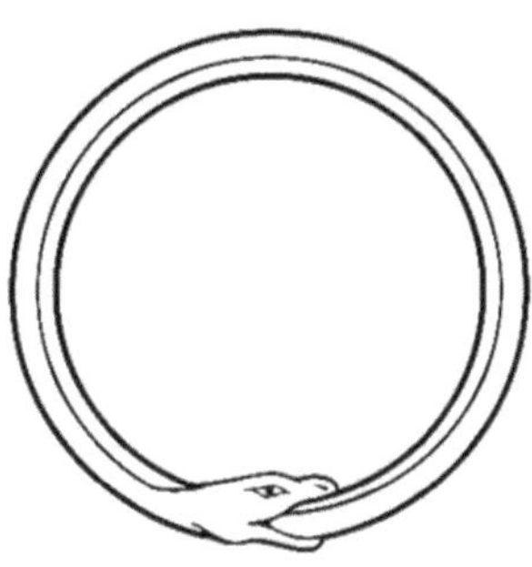

Il devient explicite que l'Occident, en dépit d'une conscience symbolique toujours éveillée, perd irrémédiablement ce type de symboles dans la course à l'uniformité, et peu à peu, l'Occident se détache finalement des méthodes et des réflexions du passé. L'Occident conserve néanmoins en son sein des traces de cette « *branche de la philosophie* ». Marc Aurèle, l'empereur romain et l'ambassadeur du stoïcisme le plus pur, initié à la discipline hellénistique dès son plus jeune âge, écrivait que « *tout, de toute éternité, est d'identique aspect et revient en de semblables cercles, et qu'il n'importe pas qu'on fixe les yeux sur les mêmes objets durant cent ans, deux cents ans, ou durant l'infini du cours de la durée[11]* ». L'humanité est comme incluse dans un ensemble perpétuellement plus grand. Comme chacune à leur tour et chacune sur une période plus longue, les communautés, les sociétés, les nations, les civilisations et les humanités se succèdent irrémédiablement les unes aux autres. L'humanité chemine dans son mouvement perpétuel vers une finalité inachevée, de sorte que la cyclicité du monde n'est jamais parfaitement complétée, tel le serpent qui se mord la queue, et que cette part d'incertitude demeure comme la fondation d'un principe constant et plus élevé d'éternité.

---

[11] *Pensées pour moi-même* (170-180), Marc Aurèle, Livre II.

Dans le domaine sociologique, Émile Durkheim aurait peut-être posé les mots de fait social pour décrire ce phénomène des cycles, qui dépasse les sociétés par son caractère extérieur et contraignant. C'est effectivement de cela qu'il s'agit à travers les cycles : de dynamiques perpétuelles tout à fait étrangères aux sociétés qui les subissent.

Notre civilisation est comme une étrangère dans la grande Histoire humaine. Il est toujours bon de rappeler que la plupart des civilisations ont «*cru*[12]» en l'existence de phénomènes plus ou moins cycliques. Par exemple, les Mayas pensaient que le temps était comme la circonférence d'un cercle que l'on parcourt en reculant, dos au futur, face au passé... De sorte, on ne voit jamais l'avenir et on regarde toujours vers le passé. À mesure qu'on «*recule*» dans le cercle (qu'on avance dans le temps), notre trajectoire se courbe et le passé disparaît irrévocablement de notre mémoire, alors que l'avenir se révèle sous nos pieds comme s'il avait toujours été nouveau dans un présent éhonté. Cette conception rejoint sous certains aspects celle des traditions hindoues en Inde (*Kalpa*) où «*la marche du cycle s'effectue suivant un mouvement descendant*[13]». Après tout, ne dit-on pas en français que les évènements passés se sont produits «*avant*» (une date) plutôt qu'en «*arrière*» ?...

À cet égard, la symbolique de l'ouroboros peut être interprétée dans sa phase d'évolution ou d'involution, selon que le serpent se morde la queue jusqu'à se détruire (involution)

---

[12] Il est en soi absurde de parler de «croyance» car, comme le soulignent les auteurs sur la question, la croyance suppose une distinction avec ce qui serait le «réel». Or, de nombreuses civilisations ne sauraient envisager les cycles comme une supposition potentiellement irréelle.
[13] *Formes traditionnelles et cycles cosmiques* (1970), page 19, René Guénon. Les traditions hindoues sont parmi les mieux conservées.

ou que la queue soit générée à partir de l'autre extrémité (évolution). De la même manière, la symbolique du caducée[14] renvoie également au principe d'élévation que confère l'approche cyclique. La symbolique circulaire du cycle se retrouve aussi chez les esprits des Lumières. René Descartes, le cartésien par excellence, dans son *Discours de la méthode*, écrit les mots suivants :

> «*Je voyais bien que, supposant un triangle, il fallait que ses trois angles fussent égaux à deux droits, mais je ne voyais rien pour cela qui m'assurât qu'il y eût au monde aucun triangle; au lieu que, revenant à examiner l'idée que j'avais d'un Être parfait, je trouvais que l'existence y était comprise de la même façon qu'il est compris en celle d'un triangle que ses trois angles sont égaux à deux droits, ou en celle d'une sphère que toutes ses parties sont également distantes de son centre, ou même encore plus évidemment; et que, par conséquent, il est pour le moins aussi certain que Dieu, qui est cet être si parfait, est ou existe, qu'aucune démonstration de géométrie ne le saurait être[15].*»

Il y a, tout comme chez les Grecs ou les stoïciens, l'idée que le cercle est peut-être aussi un reflet de nous-mêmes, qui nous invite à dépasser les apparences extérieures et les jugements. Une conception encore plus fascinante émerge

---

[14] Plus récemment, le caducée revêt aussi la symbolique du commerce et de l'éloquence, comme le montre la tribune de l'Assemblée nationale française. Mais les deux rotations incarnées par les serpents sont la claire expression du principe élévateur autour d'un centre vertical jusqu'à son point culminant.

[15] *Discours de la Méthode* (1637), René Descartes, page 101, Éditions du Centaure, 1928.

de la tradition hindoue (il s'agit des quatre *Yugas*[16]). Dans la tradition, la durée universelle peut se décomposer en plusieurs cycles dont la durée est plus courte à chaque fois. Ainsi, un cycle de 10 ans peut se décomposer en un cycle de 4 ans, puis un cycle de 3 ans, suivi d'un cycle de 2 ans et enfin un cycle de 1 an (4+3+2+1=10). L'intérêt de cette tradition réside dans la compréhension des dynamiques globales. De plus, des divisions analogues (en 1/20) étaient observables chez les Mayas, dont la division du temps se retrouvait dans leurs pyramides, organisées selon une division en séries. Aussi, la cosmogonie hindoue, telle que décrite par des auteurs comme Gaston Georgel, est d'un haut symbolisme dans la période actuelle. Les cycles des humanités ne sont pas seulement un ordre temporel immuable, ils sont la manifestation d'un certain nombre de tendances et de symboles qui restent invisibles pour la plupart d'entre nous. Nous soulignerons à ce titre la très haute symbolique du mélange actuel des peuples dans les cycles des humanités. Les cycles sont partout et ils n'expriment pas seulement une continuité, mais véritablement un délicieux augure de ce qui dépasse le temps et les âges. Nous mentionnerons aussi, et seulement mentionner, que la mesure du temps cyclique est différente de la mesure du temps linéaire.

Il y a deux conséquences majeures à cette conception de l'Univers. La première conséquence, c'est que le temps s'accélère à mesure que l'on avance (recule) dans l'avenir. Dès lors, le temps s'accélère à mesure que le « *progrès* » se diffuse. L'accélération du temps passe donc par l'accroissement

---

[16] Le Kalpa est la grande année universelle dans les croyances indiennes, et se compose de 14 cycles manvantara, qui incluent chacun 4 yugas. Un Kalpa est donc une période constituée de 56 (14 x 4) Yugas. La répartition des périodes des 4 Yugas par rapport au cycle manvantara est de 40 %, 30 %, 20 %, 10 %. La durée des cycles est décroissante…

du confort matériel et le besoin de le produire efficacement. La deuxième conséquence est que partout où le «*progrès*» s'immisce, il y a irrévocablement une «*dégénérescence*», c'est-à-dire une chute de l'ordre traditionnel établi. Selon les mots de René Guénon, «*chaque période est marquée par une dégénérescence à celle qui l'a précédée […] tout développement cyclique implique un éloignement graduel du principe*».

Le progrès au sens économique est une sorte de dégénérescence au sens traditionnel. La conception du temps est aussi liée à la conception de notre histoire. Au moment où l'histoire se déroule, l'histoire n'est pas l'Histoire, car le cycle le plus immédiat n'est pas complété. Ce n'est qu'après un certain temps que l'on peut insérer le présent dans un ensemble d'interactions et donner du sens aux évènements passés, en connaissant à la fois les évènements qui les ont précédés et qui les ont succédé. L'histoire devient l'Histoire lorsqu'on déroule le cycle dans le sens du passé, et dans l'optique de l'avenir. À mesure que les cycles se succèdent, le principe de causalité s'efface.

En conséquence, une forte cyclicité résulte d'une grande énergie en mouvement. Il y a une relation directe et absolue entre le nombre d'interactions humaines et la cyclicité d'une société. Mais nous devons différencier la volatilité de la vélocité, l'instabilité du mouvement de sa rapidité. Ce que la plupart ignorent, c'est qu'un mouvement irrégulier est également cyclique. Une économie ou un marché peut être cyclique de deux manières :

- Soit car un nombre important d'interactions individuelles conduit à une forte contrainte collective (le prix d'un marché concurrentiel par exemple). Dans ce cas, tout mouvement (de prix par exemple) est une dynamique généralisée et déterminée, nécessairement extérieure aux individus.

- Soit car un nombre restreint d'interactions est particulièrement influent, ce qui conduit à une forte amplitude du mouvement (l'évolution d'un titre financier peu liquide par exemple, d'une économie féodale ou des guerres). Dans ce cas, tout mouvement cyclique est plus volatil et plus « irrégulier ». Ce cycle de temps est assez comparable à celui d'un jeu de dominos.

Les guerres comme les épidémies sont cycliques, mais trop discontinues pour être absolument régulières. Les mouvements des astres sont cycliques, mais absolument continus et donc parfaitement réguliers. Il semble que l'économie et les marchés financiers soient d'une catégorie intermédiaire. La financiarisation des économies ces dernières décennies a accru le caractère continu des marchés où un nombre croissant d'interactions se manifeste. Il en résulte une cyclicité plus aboutie, qui fut en outre à l'origine de la découverte des fractales sur lesquelles nous reviendrons[17]. Nous insisterons une fois de plus sur le fait qu'un mouvement irrégulier est aussi un mouvement cyclique. Les cycles ne se limitent pas à une courbe régulière, continue et lissée. Les cycles n'ont jamais été une courbe sinusoïdale parfaitement régulière. En effet, en raison des principes d'harmonicité et d'infinité, sur lesquels nous reviendrons, la manifestation de tout mouvement est par nature complexe et immédiatement insaisissable.

---

[17] Après tout, la division cyclique hindoue du temps n'est-elle pas aussi une forme de fractale ? Et que dire des Mayas, des Égyptiens, et des Sumériens ? Tout cycle est harmonique.

Ce qui a été dit précédemment nous amène à faire une distinction majeure. Il n'existe pas une seule catégorie de cycle. Effectivement, on distingue en physique les ondes longitudinales des ondes transversales.

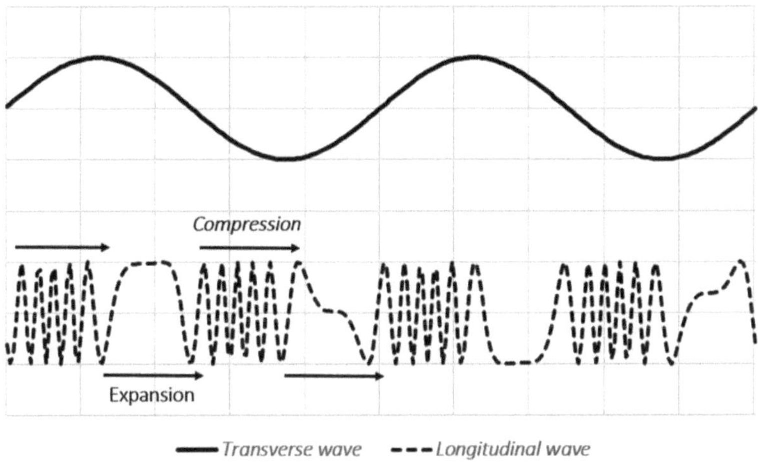

En premier lieu, les ondes transversales sont des ondes qui se propagent de manière verticale (*tel un signal sinusoïdal*). Ce sont les ondes que nous représentons habituellement dans la plupart des domaines. Nous avons représenté la forme de l'onde transversale par la courbe du haut sur le graphique. L'onde transversale est similaire à une corde tendue horizontalement et que nous agiterions de haut en bas pour produire des ondes qui se propagent dans le sens de l'espace. La corde bouge de haut en bas sans être déplacée perpendiculairement au sol. Dans ce cas, les particules du cycle se déplacent verticalement dans l'espace. Par ailleurs, nous devons souligner l'origine du mot «transversal» lui-même. Du latin *transversus*, ce qui est transversal est aussi ce qui traverse (*transversare*) les âges[18]. Les ondes transversales sont des ondes qui se propagent dans l'espace d'une manière plus ou moins continue. Ces ondes transversales prennent leur origine dans des chocs essentiellement temporels, elles sont toujours reliées à leurs «*causes*» originelles qui «*traversent*» les âges. Les causes des ondes transversales étant toujours reliées au passé, leur principe est invariable, exactement comme l'émergence et le déclin des sociétés humaines. En clair, les ondes transversales traduisent une accélération ou une décélération du temps. Les cycles économiques et démographiques de long terme appartiennent plus souvent à cette catégorie. Nous aurons l'occasion, au chapitre 5, d'expliquer la nature de ces courbes sinusoïdales comme «*une disproportion entre la récurrence et l'amplitude du mouvement*».

En second lieu, les ondes longitudinales sont des ondes plus particulières qui se propagent horizontalement. Ces ondes sont comme un ressort qui serait tendu horizontalement et que nous agiterions en tirant dessus, ce qui génère des ondes qui se propagent uniquement à l'intérieur du ressort, sans mouvement en hauteur de ce dernier. Nous assistons alors à des phénomènes de «*compression*» et «*d'expansion*» sur le ressort. Dans notre exemple, les particules du cycle sont très espacées au début des phases de hausse ou de baisse, et très compressées vers les creux et les sommets du cycle. Les ondes longitudinales sont donc caractérisées par un mouvement souvent plus discontinu dans la longueur (*tel un jeu de dominos*). Il est probable que les guerres, les

---

[18] Soulignons aussi la proximité du cycle transversal avec ce qui est véritablement «*transcendant*» (*transcendere*). Ce qui est au-delà du temps et de l'espace.

épidémies, les catastrophes naturelles, et tous les évènements de nature à provoquer des chocs importants soient proches de ce type de cycles. Les guerres se produisent les unes à la suite des autres, avec plus ou moins de régularité mais toujours par une mécanique de cause à effet qui dépend étroitement des guerres précédentes. Dans ce cas, les évènements (« *longitudinaux* ») se transfèrent par effet mécanique d'une époque à l'autre, plus qu'ils ne traversent les époques par effet de synergie. C'est ce qui distingue les cycles longitudinaux des cycles transversaux. En effet, la vélocité des ondes longitudinales est aussi plus importante que les ondes transversales. Les ondes longitudinales sont de nature à créer des concentrations (et des déconcentrations) de la matière importantes.

Par analogie, le jeu de dominos permet de visualiser ce phénomène cyclique longitudinal. Chaque domino entraîne la chute du domino suivant. Si l'écart entre deux dominos est grand, alors le temps qui s'écoule entre la chute des deux dominos est également plus grand. Il y a un phénomène d'expansion. À l'inverse, plusieurs dominos resserrés vont créer une compression de la durée de chute entre ces derniers. Il y a d'ailleurs, sûrement, dans les phénomènes humains, un lien entre la durée des périodes de prospérité et la gravité des crises qui les suivent. Plus la période de prospérité est grande, plus la crise finale peut être violente, de telle manière que le temps de chute d'un domino plus grand que les autres est également plus grand, et implique des conséquences futures plus lourdes.

En bourse, cela reviendrait à affirmer que la récurrence des échanges augmente proche des retournements de marché, et par conséquent, l'agitation ou l'incertitude est plus grande sur les points hauts ou les points bas du marché. Ainsi, les

phénomènes de compression des ondes longitudinales seraient caractéristiques des phases d'accumulation et de
distribution en analyse technique. Mais comme nous l'avons
expliqué précédemment, les échanges financiers réagissent
aujourd'hui plus par continuité que par ponctualité.

Les vagues des océans combinent ainsi des ondes transversales (en hauteur) et longitudinales (compression et
dépression du volume d'eau). Lorsque vous êtes au milieu
d'une vague, vous êtes à la fois entraîné en hauteur (onde
transversale), et vous êtes aussi déplacé par rapport au sol
(effet d'entraînement avec le retrait de l'eau, par exemple).
La distinction de ces deux types d'ondes est absolument indispensable pour observer l'existence de cycles plus ou
moins réguliers et évidents que d'autres.

La plupart des phénomènes s'expliquent ainsi par ces ondes.
Mais alors pourquoi, dans la Grande Histoire humaine, avons-
nous perdu une certaine idée des cycles? La continuité de
l'Histoire et des évènements enseignée par les traditions anciennes est devenue presque étrangère à nos pensées.
Malheureusement, le progrès et l'accélération du temps humain impliquent aussi le règne du court terme. À court terme,
l'Homme vit au royaume du libre arbitre. Mais à long terme,
la place de l'Homme dans l'Ensemble est souvent plus déterminée, et son existence, graduellement réduite à sa finalité.
Paradoxalement, le culte de l'égalité et de la liberté au sens
contemporain, qui sont des concepts philosophiques étrangers à la plupart des civilisations, sont en opposition directe à
la logique du temps long. Mais nous traiterons de ces questions symboliques à la toute fin de l'ouvrage.

Le paradoxe du développement économique (certains diraient
du développement matériel) de la société peut se résumer de
la manière suivante. Le développement économique accroît le

nombre d'interactions humaines et matérielles, ce qui accroît par là même la continuité de l'économie. Nous comprenons par continuité l'idée que l'économie est de plus en plus régulière, et que la croissance économique tend à être de plus en plus constante plutôt que ponctuelle. Le caractère continu de l'économie accroît donc la présence de cycles mieux dessinés, et de fait, cela accroît le caractère «*transcendant*» du cycle face aux individus.

Dans la continuité de notre réflexion sur la cyclicité, il n'existe probablement pas de meilleure définition globale que celle énoncée par le même auteur René Guénon. Bien que cette définition soit plus proche d'une compréhension ésotérique du cycle, elle demeure explicite et suffisamment complexe pour être vérifiée dans la réalité.

> «*Cette transmission constitue la "chaîne" (shelsheleth ha-qabbalah) [...], et c'est aussi la détermination d'une "direction" (nous retrouvons ici le sens de l'arabe qibla) qui, à travers la succession du temps, oriente le cycle vers sa fin et rejoint celle-ci à son origine, et qui, en s'étendant même au-delà de ces deux points extrêmes par le fait que sa source principielle est intemporelle et "non-humaine", le relie harmoniquement aux autres cycles, concourant à former avec ceux-ci une "chaîne" plus vaste, celle que certaines traditions orientales appellent la "chaîne des mondes" où s'intègre, de proche en proche, tout l'ordre de la manifestation universelle[19].*»

Si les cycles sont une technique analytique à part entière, c'est aussi car ils supposent un système complexe. Un cycle

---

[19] *Formes traditionnelles et cycles cosmiques* (1970), page 51, René Guénon.

existe uniquement en présence d'au moins deux interactions. Par ailleurs, il est important de rappeler que chaque cycle établit des relations, elles-mêmes cycliques, avec d'autres cycles. Cette question de la connexion des cycles a émergé très tôt chez les premiers penseurs économiques. Un autre moyen de percevoir les cycles, peut-être plus proche du raisonnement moderne, est de considérer qu'il y a une infinité de cycles. Mais au sein de ce nombre incalculable de cycles, allant des plus courts aux plus longs, certains prédominent et retiennent l'attention de certains économistes ou analystes. Dès lors, les cycles seraient un «*modèle*» ou un «*concept*», au même titre que le hasard, dans lequel la réalité ne colle jamais parfaitement avec la théorie. La question advient alors de savoir si le temps cyclique est plus efficace que le temps linéaire pour comprendre la complexité de nos sociétés.

À cet égard, le premier grand cycle à avoir été découvert fut assurément le cycle des saisons. Ce dernier cycle, par la construction de calendriers et la division du temps sous la civilisation de Sumer et bien d'autres, a considérablement accru la productivité agricole. L'invention des calendriers, et l'observation des cycles naturels, fut un critère majeur de réussite du modèle de civilisation sédentaire. Progressivement, la centralisation des sociétés a accru le besoin d'uniformité intellectuelle et les religions se sont perfectionnées. La société a lentement basculé dans l'aspect matériel des cycles en construisant des réseaux complexes. L'innovation est également intervenue comme un moyen de détacher l'homme des cycles naturels, donnant naissance à la distinction entre les cycles naturels et les cycles économiques. Nous pouvons supposer que jusqu'à l'époque romaine, l'économie du monde était essentiellement dépendante des cycles de la nature, bien que la Rome antique possédât déjà un nombre prodigieux de technologies. Il est donc a priori nécessaire, pour comprendre la genèse des cycles humains, de s'établir dans la pensée des premiers écrits.

Les cycles ont effectivement traversé les civilisations, et leur compréhension a été améliorée ou reniée au gré des idéologies. La connaissance concernant les cycles dans le passé est considérable, en particulier en matière astrale. Les Égyptiens avaient par exemple un calendrier similaire à Sumer, centré autour des cycles du Nil. L'année de 365 jours était divisée en trois saisons de 4 mois (inondations, semailles, récoltes). Le calendrier se basait sur le lever cyclique de l'étoile Sirius[20]. De son côté, le calendrier en Grèce antique (calendrier attique) se basait sur les cycles lunaires. L'année solaire étant décalée de l'année lunaire, les calendriers évolueront, comme avec la découverte du cycle métonique de 19 ans. Ainsi, le calendrier romain a évolué à plusieurs reprises. Le calendrier républicain était de 366 jours (355 jours tous les deux ans, 377 ou 378 jours les autres années). Le calendrier que nous utilisons actuellement est majoritairement inspiré de la réforme julienne menée par Jules César. Cette réforme avait pour but de simplifier les mois supplémentaires qui étaient nécessaires pour s'ajuster au cycle solaire. Ainsi, Jules César a fait définir par l'astronome Sosigène en -46 l'année telle que nous la connaissons : 12 mois, formant une année de 365 ou 366 jours (selon les années bissextiles). La réforme grégorienne plus tardive (1582) ne concernera que les années bissextiles.

De la même manière, les civilisations telles que nous les connaissons sont nées grâce à la sortie de l'âge glaciaire qui a donné naissance à l'agriculture. La sortie de cet âge glaciaire

---

[20] L'étoile Sirius (la plus brillante après le Soleil) était annonciatrice des crues du Nil et marquait le début d'année. À l'époque égyptienne, le levé de Sirius se répétait début juillet.

dépend justement de cycles précis, connus comme les cycles de Milankovitch. Manifestement, de nombreux auteurs et spécialistes des traditions et des croyances anciennes ont toujours rappelé l'importance originelle des cycles dans la philosophie et la religion. Comme le rappelle René Guénon au sujet des traditions hindoues, les cycles ont une portée initialement universelle et globale. Des siècles d'avancées scientifiques nous auront rappelé l'importance de l'analyse des cycles avec des outils scientifiques plus précis et détaillés qu'ils ne l'avaient jamais été. Les cycles ne sont plus seulement une science mystique et oubliée, ils sont désormais une branche à part entière de la science, et à ce titre, l'analyse des cycles est légitime à reprendre naturellement l'occupation des esprits. Il nous paraît dès lors approprié de rappeler que le principe de cyclicité est conforme à la pensée cartésienne, bien que le principe de causalité qui lui est associé soit ici dépassé par celui de cyclicité. Nous parachèverons ce chapitre par les mots de Paul Rives, qui, en préface du célèbre *Discours de la méthode* de René Descartes (1637), écrit ces mots qui ne sauraient être que plus pertinents aujourd'hui :

> *« Dans le temps comme dans l'espace, la leçon du passé mérite qu'on l'entende. On ne fait pas l'avenir avec rien ; on ne refait pas à chaque instant le monde sans tenir compte de ce qu'il fut à la minute précédente. Puissent nos révolutionnaires déchaînés devenir cartésiens*[21]*. »*

---

[21] *Discours de la Méthode* (1637), Introduction par Paul Rives, Éditions du Centaure (1928).

CHAPITRE 2

Le Mystère des cycles

« Il ne faut donc jamais désespérer ni trop espérer de son pays, rappelant sans cesse que la plus grande prospérité et la plus grande misère sont sœurs, et se succèdent toujours[22]. »

– Clément Juglar (1819-1905), 1862

« Le mot cycle ne provient pas du milieu des affaires et ne nous concerne pas seulement aujourd'hui[23]. »

– Joseph Aloïs Schumpeter (1883-1950), 1939

Dans le chapitre précédent, nous avons insisté sur l'importance du cycle dans de nombreuses civilisations. Ces cycles découlent de l'observation de la nature et de ses manifestations, mais aussi de la finalité même des sociétés humaines en harmonie avec leur environnement. Et nous devons écrire, à cet égard, que les civilisations anciennes n'ont rien à envier à notre civilisation. Il faut attendre le XIXe siècle, en France et en Angleterre, pour observer, selon les mots de l'économiste français Clément Juglar, des régularités *« que l'on ne saurait prendre pour une pure coïncidence »*.

---

[22] *Des crises commerciales et de leur retour périodique en France, en Angleterre et aux États-Unis* (1862), page 253, Clément Juglar.
[23] *Business Cycles* (1939), Introduction (page 5), Joseph Aloïs Schumpeter.

Les cycles sont un véritable mystère[24], en ce qu'ils constituent une connaissance à part entière et intimement reliée aux principes fondamentaux de notre Univers. Comme le souligne Joseph Aloïs Schumpeter, le terme de cycle est largement antérieur à sa signification contemporaine[25]. De surcroît, la compréhension des cycles pour la plupart des gens est considérablement éloignée de ce qu'ils pensent être comme tel. Bien que l'économie permette de révéler des régularités dans le destin des sociétés, nous observons cette formidable récurrence de gloires et de désastres bien avant les premières statistiques. Selon le titre de l'ouvrage de l'économiste américain Edward Dewey, les cycles sont véritablement ces *« forces mystérieuses qui déclenchent les évènements »* (1971). Le mot « mystère » doit s'entendre ici dans ce qu'il a de plus subtil et élevé. Du fait que notre position est nécessairement restreinte dans le temps et dans l'espace, personne n'est véritablement en capacité de distinguer les cycles à partir de simples évènements extérieurs qu'il observe au cours de sa vie. Nous insisterons d'ailleurs sur le rôle central de la démographie dans la temporalité des cycles économiques.

La médiatisation constante de notre société a mené à une compréhension des évènements tout à fait extérieure et dénuée de sens. La plupart des économistes, des analystes, des politiques et bien d'autres encore, expliquent l'état de

---

[24] Le mystère renvoie avant tout à ce qui est fermé. En grec ancien, « mystère » dérive de *mústês* (initié).

[25] Soulignons par exemple ce qui est dit dans *L'Ecclésiaste* de l'Ancien Testament :

« Toutes choses sont en travail au-delà de ce qu'on peut dire ; l'œil ne se rassasie pas de voir, et l'oreille ne se lasse pas d'entendre.

Ce qui a été, c'est ce qui sera, et ce qui s'est fait, c'est ce qui se fera, il n'y a rien de nouveau sous le soleil. »

nos sociétés par des « *chocs* » et des « *évènements* » dénués de sens historique, et par-dessus tout, dénués de sens dynamique. Nous écoutons aujourd'hui les nouvelles comme on choisit le menu, et nous comprenons ces nouvelles comme des choses tout à fait indépendantes du reste de l'Ensemble. Cette extériorité dans l'appréhension des évènements est préjudiciable à notre esprit car elle est nettement opposée à une compréhension de l'intériorité d'évènements qui seraient alors rattachés à un principe qui les génère, et dont nous sommes tous le moyen inavoué.

C'est pourquoi nous ne comprenons jamais les cycles et leur répétition en lisant la presse, en écoutant les médias, ou en suivant les politiques. Réciproquement, l'étude des cycles a toujours fasciné un certain nombre d'auteurs et de scientifiques. Il est assez remarquable qu'une série d'auteurs isolés les uns des autres aient, à des périodes relativement différentes, établi l'existence de cycles de durées suffisamment proches pour attirer notre curiosité. En 1875, le célèbre économiste William Stanley Jevons (1835-1882) écrivait déjà à propos des cycles économiques :

> *« Un principe bien connu de la mécanique est que les effets d'une cause variant périodiquement sont eux-mêmes périodiques, et poursuivent généralement leurs phases dans des périodes de temps égales à ceux de la cause. Il ne fait aucun doute que l'énergie déversée sur la surface de la Terre sous la forme de rayons de soleil est le principal agent de maintien de la vie ici*[26]*. »*

Dans ses travaux, il a notamment avancé l'idée d'un cycle de 11 ans, lié au cycle solaire sur la base de l'évolution du prix des denrées. L'audace de l'analyse de William Stanley

---

[26] *The Solar Period and the Price of Corn* (1875), William Stanley Jevons.

Jevons et la pertinence de ses écrits méritent d'être soulignées. Pour le reste, sa théorie sur l'influence du cycle solaire demeure globalement contestée par les économistes contemporains. Le graphique ci-dessous représente le nombre de taches solaires (sunspots) depuis 1700. Nous observons effectivement une grande régularité du cycle solaire sur la base de périodes d'environ 11 ans.

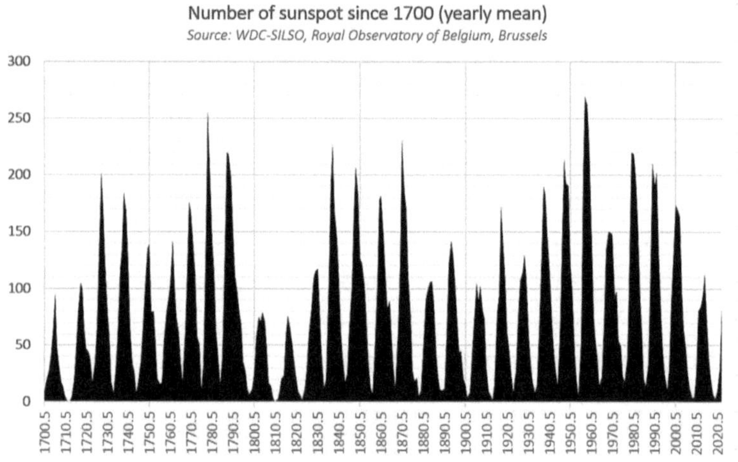

Néanmoins, l'étude des données économiques pour les États-Unis depuis 1950 montre qu'il n'y a aucun lien entre l'activité solaire et l'activité économique[27]. Il paraît donc évident, au moins dans la période récente, que l'activité solaire n'a pas d'influence sur le cycle économique global. En revanche, on peut toujours supposer l'existence d'un lien à très long terme entre l'activité solaire et le développement des

---

[27] Nous remarquerons tout de même une subtilité : 7 des 12 récessions (60 %) enregistrées aux États-Unis depuis 1949 ont pris effet aux dates de sommet ou de creux du cycle solaire (20 % du temps). Mais on ne tiendra pas rigueur de l'hypothèse de la synchronicité ici. De plus, entre 1875 et 1930, il y a une bonne corrélation entre l'activité solaire et l'activité économique.

sociétés. Ce lien pourrait désormais être atténué en raison du fait que le développement technique réduit la dépendance de l'économie aux aléas naturels.

En 1878, William Stanley Jevons observe ainsi un cycle économique de 10,45 ans dont les causes pourraient être recherchées du côté des phénomènes naturels qui influencent l'économie. Cette hypothèse est d'abord née des écrits de l'ingénieur anglais Hyde Clarke (1815-1895). Hyde Clarke est parfaitement inconnu des économistes contemporains. Pourtant, il a non seulement distingué des cycles de durées différentes, mais il a également supposé l'existence d'un cycle long qui correspondra parfaitement à celui observé par Nikolaï Kondratiev, 80 ans après lui.

> *« Cela donne une période d'environ cinquante-quatre ans, avec cinq intervalles d'environ dix ou onze ans chacun, que j'ai pris ainsi : 1793 1804 1815 1826 1837 1847[28]. »*

Cette hypothèse n'était pas seulement révolutionnaire, elle était prémonitoire. D'ailleurs, selon que nous considérons qu'il y a 5 ou 6 phases dans le cycle long (ici proposé d'une durée de 54 ans), nous obtenons un cycle intermédiaire de 10,8 ans ou bien de 9 ans. Dans tous les cas, la durée des cycles du XVIIIe et du XIXe siècle ne diffère pas beaucoup de la durée des cycles au XXe et XXIe siècle. Nous verrons plus loin que la durée moyenne du cycle de Juglar pour les États-Unis depuis 1945 est de 10,1 ans. Cependant, si l'activité solaire n'a pas (ou n'a plus) d'influence sur l'activité commerciale, il semble clair que la période des cycles qui composent l'éco-

---

[28] *Physical Economy – A Preliminary Inquiry into the Physical Laws Governing the Periods of Famines and Panics* (1847), Hyde Clarke.

nomie se rapproche de certains cycles naturels. À ce titre, William Stanley Jevons écrivait :

> « *De ce soleil, qui est vraiment dans ce grand monde à la fois œil et âme, nous tirons notre force et notre faiblesse, notre succès et notre échec, notre exaltation dans la manie commerciale, et notre découragement et notre ruine dans l'effondrement commercial*[29]. »

En conséquence, nous ne pouvons jamais associer un cycle à une seule cause. La causalité des évènements est une conception propre au temps linéaire, bien que l'étude des causalités soit parfois utile pour nous donner des indices sur le sens des cycles. Car, comme nous l'avons montré à propos des cycles transversaux, la multiplicité des causes et des interactions nous empêche formellement de réduire les cycles à une cause unique. À ce titre, le Français Clément Juglar s'est tenu à une analyse empirique des faits. La théorie des cycles est née de curiosités, de coïncidences troublantes, et de régularités manifestes. Mais les interactions humaines ne sont pas si continues et si mécaniques que celles du soleil. Il s'ensuit que les cycles humains ne sont jamais parfaits, et c'est ici que la complexité laisse place au débat et à la science.

Le débat sur les causes des cycles est né très tôt. Pour les uns, la cause évidente des cycles dans une économie agricole était à voir du côté des cycles naturels. Pour les autres, les cycles sont purement endogènes et simplement liés à la seule interaction des agents économiques. Pour d'autres encore, les cycles ont des causes purement exogènes comme les guerres, les pandémies, les révolutions et les dé-

---

[29] *Commercial Crises and Sun-Spots* (14 novembre 1878), William Stanley Jevons.

cisions politiques… Mais aucune de ces hypothèses n'est valable à long terme.

Les cycles ne sont pas causés par des phénomènes uniquement endogènes ou exogènes (et naturels), mais bien par des causes «*supra-endogènes*». Nous entendons par là des causes qui dépassent, mathématiquement pour ainsi dire, de simples explications par des évènements économiques. La combinaison d'un cycle «*exogène*» (tel que le cycle des guerres, des pandémies, du climat, etc.) avec un cycle «*endogène*» (le cycle économique indépendamment de toute autre cause) résulte dans la présence d'un nouveau cycle à la fois exogène et endogène («*supra-endogène*»). C'est peut-être après tout le seul véritable mystère des cycles. En mathématiques, la combinaison de deux cycles donne toujours un nouveau cycle plus complexe et réaliste. Un exemple relativement simple est celui des guerres. Il est évident que les guerres influencent le cours de l'économie, mais en cela même qu'elles l'influent, elles se combinent avec le cycle de l'activité économique. En cela, la cyclicité des guerres est intimement liée à la cyclicité de l'économie, de sorte que les guerres sans l'économie n'ont plus véritablement de sens temporel. Le monde serait un vaste dégoût sans les cycles…

Nous rappelons encore que le principe de causalité n'existe pas dans le temps cyclique. De fait, la cause doit précéder la conséquence. Dès lors, si la cause est à la fois antérieure ou postérieure à la conséquence dans le temps cyclique (le passé peut s'envisager en «*avant*» du futur), alors on ne peut pas parler de cause, ni de conséquence. C'est là toute la difficulté, dans notre raisonnement moderne, de la conception des cycles et de leur principe générateur. Les cycles, dans l'idéal, devraient être perçus comme la subdivision d'un tout indéfini. C'est-à-dire que les cycles économiques ne devraient pas seulement inclure l'activité économique de l'histoire moderne, mais toute l'histoire et tous les domaines pour se révéler pleinement dans ce qu'ils ont de distinct du temps linéaire. Mais cela n'est nécessairement pas perceptible dans un domaine défini comme l'économie ou la finance.

Ce que nous désignons comme le cycle de l'activité économique n'est rien d'autre que la manifestation d'un ordre supérieurement complexe, qui de surcroît ne concerne pas seulement l'économie, duquel beaucoup d'économistes devraient tirer humilité et sagesse. Les premiers économistes avaient formulé des hypothèses légitimes sur les causes des cycles, mais ces causes se multiplient et se complexifient, de sorte que l'économiste qui se tient aux «*évènements*», dans ce qu'ils ont de plus extérieur et de plus temporaire, ne comprendra jamais rien aux dynamiques qui nous intéressent.

Malgré tout, une interrogation demeurait au XIXe siècle. Celle de savoir pourquoi, après tout, les crises continuaient à être plus ou moins régulières, à toucher aussi bien le commerce que la démographie, les migrations que les institutions, etc. C'est le Français Clément Juglar qui apporta les premiers éléments de réponse. Né en 1819 d'un père médecin, il deviendra lui-même médecin en passant sa thèse de doctorat en août 1846. Néanmoins, il va rapidement abandonner la médecine vers 1850 et se consacrer à une série de publications. Il commence par des publications dans le *Journal des Économistes* et se fait remarquer des clubs d'économistes de l'époque, très liés à la sphère politique. Brillant spéculateur, Juglar accumule une grande fortune en bourse.

Mais ce qui nous intéresse tout particulièrement ici, c'est son ouvrage de 1862 dans lequel il réalise une étude empirique.

Cette étude porte à la fois sur la France, l'Angleterre et les États-Unis. De plus, son étude s'étend sur une durée de 54 ans (il se concentre sur la période 1803-1857). Il serait bien trop long de commenter tout son travail remarquable. Mais il finit par établir le retour régulier de crises commerciales qui s'observent dans les prix, les escomptes, le taux d'intérêt, les réserves métalliques, etc. Il est alors le premier observateur à établir explicitement l'existence d'un cycle commercial d'une durée de 7 à 10 ans en se basant sur l'évolution régulière des opérations commerciales.

> *«Tandis que les embarras commerciaux sont assez courts, une année ou deux au plus, les époques prospères présentent une succession continue de plusieurs années, six à sept en moyenne. Pendant cette période, tout augmente, la progression est générale pour tous les revenus[30].»*

C'est ainsi que ce Français, qui n'était pas particulièrement prédestiné à l'économie, pose la pierre fondamentale à l'édifice qui suivra. Plus tard, Keynes, Hansen et Samuelson établiront que le cycle de Juglar est souvent lié à l'évolution de l'investissement et des stocks. Ainsi, un fort déstockage suivi de désinvestissements annonce souvent une récession. Le graphique ci-après montre la croissance réelle du PIB américain depuis 1949. Nous pouvons décomposer l'ensemble de cette période en 7 cycles complets de Juglar. Ce qui fait en moyenne 10 ans par cycle de Juglar, comme le montre le tableau des récessions dans la dernière partie du livre. Bien sûr, la fréquence des récessions est plus importante, avec une récession en moyenne tous les 6,6 ans

---

[30] *Des crises commerciales et de leur retour périodique en France, en Angleterre et aux États-Unis* (1862), page 202, Clément Juglar.

(deux cycles de Juglar). Néanmoins, il est manifeste que l'économie croît à un rythme régulier, avec des phases d'accélération et de décélération de la croissance sur une période proche de 10 ans. Nous avons déjà eu l'occasion de discuter de la décomposition de cette dynamique dans le *Grand Livre des Cycles Économiques*.

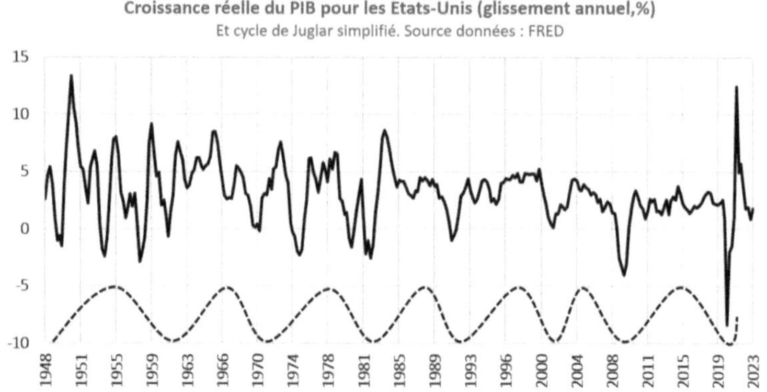

Dans tous les cas, la découverte des cycles économiques à cette époque est directement liée à la quantité de données statistiques dont disposent les économistes. Les cycles sont longtemps restés un mystère, car il était à la fois impossible de prouver leur existence autant que leur inexistence au sens scientifique. En dépit des travaux de Jevons dans les années qui suivirent, et la grande crise du cycle long qui débuta dans les années 1860, seuls quelques économistes isolés attachaient de l'importance à ces idées.

Un économiste retient par exemple notre attention. Il s'agit de Mikhail Tugan-Baranovsky (1865-1919), un économiste ukrainien. Après avoir fait un voyage à Londres en 1891 et étudié diverses données statistiques, il a conforté l'idée de l'existence de cycles économiques. En 1894, il publia un livre intitulé *Les crises industrielles dans l'Angleterre contempo-*

raine, leurs causes et leurs influences sur la vie nationale. Avant la révolution russe, il enseigne notamment à Saint-Pétersbourg, où il transmettra son intérêt pour les cycles à un certain étudiant dénommé Nikolaï Kondratiev.

Il faut garder à l'esprit qu'à la fin du XIXe siècle, les économistes sont moins présents (phénomène encouragé par la crise du taux de profit). Ce n'est donc pas de l'économie que renaîtra l'intérêt pour les cycles, mais de la finance. Aux États-Unis et en Europe, la finance se développe, les banques s'affirment, et les particuliers commencent à entrer véritablement en bourse[31]. Les paniques financières s'enchaînent aussi. En 1901 et surtout 1907, des paniques financières interviennent et donneront bientôt l'impulsion à la création d'une banque centrale aux États-Unis. C'est dans ce contexte qu'en 1912, d'après l'économiste Edward Dewey, un groupe d'investisseurs aurait entendu parler d'un mystérieux cycle utilisé par Rothschild pour prévoir l'évolution des Consols britanniques. Ce groupe d'investisseurs aurait alors engagé un mathématicien qui décela l'existence d'un cycle de 41 mois.

Le bruit courait à Wall Street et ailleurs que des « *cycles* » influençaient la trajectoire des marchés. C'est après la Première Guerre mondiale, et plus particulièrement en 1923, qu'un certain Joseph Kitchin démontra l'existence de cycles courts similaires dans l'économie[32]. Ces cycles ont une durée d'une quarantaine de mois et se retrouvent non seulement dans

---

[31] On peut notamment prendre l'exemple du trader le plus célèbre de l'histoire, Jesse Livermore (1877-1940). Né dans la pauvreté, il deviendra une des plus grandes fortunes grâce à la spéculation. Notons aussi en France les échecs boursiers de Marcel Proust.

[32] *Cycles et tendances dans les facteurs économiques* (1923), Joseph Kitchin, version française chez JDH Éditions (2023).

l'économie, mais aussi dans la finance. À ce jour, l'étude mathématique montre des cycles proches de 3,6 ans. La suggestion que les cycles de Kitchin seraient en moyenne plus longs que ceux avancés par Kitchin a rapidement été faite par Crum ou Schumpeter. Malgré tout, il est assez majestueux de voir que ces cycles sont aussi fiables en 1929 qu'en 2008. Le génie de Joseph Kitchin a été de traiter de ces cycles courts. Il montre non seulement que ces derniers sont synchronisés et propres à la plupart des pays, mais il montre aussi que les cycles courts sont souvent plus volatils que les autres. En d'autres termes, un cycle de moins de 40 mois sera suivi par un cycle de plus de 40 mois de sorte qu'en moyenne, le cycle type soit parfaitement respecté. Un passage de son article retient notre attention. Il écrit :

> *« 1810, 1873 et 1920 étaient des années de prédominance ou de grands maxima, marquant le commencement de tendances baissières sur le prix des matières premières, le taux d'intérêt et d'autres facteurs de ratio, ainsi que d'avancées modérées plus que fortes (et même dans certains cas un recul) dans les compensations, le commerce, les revenus, et ainsi de suite, et des augmentations dans les facteurs inversés comme les cotations de titres à taux fixe[33]. »*

Joseph Kitchin annonçait déjà la découverte des cycles longs. Les trois grands sommets du cycle long, plus tard confirmés par Nikolaï Kondratiev, sont effectivement 1810, 1873 et 1920. Dans notre chronologie, nous arrivons à Nikolaï Kondratiev (1892-1938), qui est probablement un des économistes les plus brillants de son époque. Né dans la

---

[33] *Cycles et tendances dans les facteurs économiques* (1923), Joseph Kitchin, chapitre II.

campagne russe, il se révèle un bon étudiant et profite de la révolution russe pour s'élever dans la sphère économique. Il dirige notamment à partir de 1920 l'Institut de la Conjoncture de Moscou. Entre 1922 et 1928, il publie ainsi une série de travaux très documentés et comprenant un important travail statistique. De ces observations empiriques naissait une évidence que Nikolaï Kondratiev a payé de sa vie. Les Soviétiques ont même qualifié les travaux de Nikolaï Kondratiev comme relevant «*d'une théorie bourgeoise vulgaire des crises et des cycles économiques*[34]». Même Léon Trotski fera une réponse spéciale dans un article intitulé *La courbe du développement capitaliste* (1923). Léon Trotski, sans renier les faits qui sont avancés, n'admet pas l'existence des cycles longs et conteste l'existence de causes endogènes à ces phénomènes. La barrière idéologique face à la théorie des cycles est restée dans les livres d'histoire, et dans l'esprit de nombreux économistes.

Nikolaï Kondratiev est alors progressivement évincé de la vie politique à partir de 1928, puis arrêté en 1930. Ce qui est remarquable est que Nikolaï Kondratiev avait parfaitement conscience des risques qu'il prenait en poursuivant la défense de ses idées. Dans une lettre secrète envoyée à son ami Pitirim Sorokin peu de temps avant son arrestation à l'été 1930, il écrit : «*Il n'y en a que quelques-uns qui refusent, et leur sort est terrible. Je suis l'un d'entre eux, et ma situation est pire que celle de n'importe qui d'autre. Maintenant, ils m'ont privé de tout mon travail.*» Staline énonce

---

[34] Ces extraits de la Grande Encyclopédie Soviétique sont repris dans le livre *Long-Wave Rhythms in Economic Development and Political Behavior* (1991), page 17, Brian Berry.

alors clairement dans une lettre du 6 août 1930 sa volonté « *d'abattre* » Nikolaï Kondratiev et « *quelques canailles* ». Il sera froidement fusillé quelques années plus tard, en septembre 1938, dans le camp de purge du NKVD.

L'exécution d'un économiste est suffisamment rare pour être soulignée, car l'économiste est plus souvent l'ami du politique que son ennemi. Mais la théorie des cycles était un enjeu trop important pour ne pas recourir aux armes. Les communistes sont venus à bout de Nikolaï Kondratiev. Et dans le monde capitaliste, une certaine catégorie d'interventionnistes n'en pense pas moins. Les cycles sont souvent rejetés par simple idéologie politique, et ceux qui ont donné leur vie ne sont malheureusement plus en état de témoigner. Les réflexes intellectuels vis-à-vis de la simple évocation des cycles sont toujours les mêmes que ceux du passé totalitaire pour une certaine partie de la population.

Mais attirons désormais notre attention sur les faits présentés par Nikolaï Kondratiev. Les cycles longs de l'économie sont des dynamiques propres à l'économie capitaliste. La durée des cycles longs est comprise, d'après Nikolaï Kondratiev, entre 48 ans et 60 ans. Soit 54 ans en moyenne. Ces cycles s'observent dans la plupart des données comme les prix, le taux d'intérêt, les salaires, le commerce extérieur, la production de certains biens, etc. Chaque cycle long est composé d'une phase ascendante, idéalement comprise entre 24 ans et 27 ans, et d'une phase descendante, idéalement similaire en durée. Nous parlons de durée idéale car certains cycles dévient de manière cohérente, mais globalement ces dynamiques sont très pertinentes depuis la fin du XVIIIe siècle.

Nikolaï Kondratiev nous enseigne que les vagues ascendantes se caractérisent par un accroissement (du moins tendanciellement plus important) du niveau des prix, du taux d'intérêt, du commerce extérieur, des salaires, etc. Bien sûr, certaines divergences peuvent parfois émerger. Mais la répétition de ces dynamiques, sur des durées similaires et sur plusieurs données, fut un des grands éléments convaincants des travaux menés à l'époque. Nikolaï Kondratiev nous enseigne aussi que les guerres et les révolutions sont généralement plus fréquentes au début et durant les vagues ascendantes du cycle long. De même, les inventions apparaissent généralement dans la vague descendante du cycle long, avant de se diffuser dans la vague ascendante suivante. La vague ascendante est aussi, et en conséquence à l'extension du commerce international, l'occasion pour de nouveaux pays d'entrer sur le marché mondial. Cela passe donc par l'amélioration des communications. La quantité de monnaie aurait également tendance à croître plus sensiblement lors de cette phase. Le déclin de l'agriculture serait une autre caractéristique de la vague ascendante, tandis que les dépressions frappent généralement sur les vagues descendantes du cycle long.

Dans ses travaux, Nikolaï Kondratiev propose le tableau suivant pour décrire les grands cycles longs depuis la fin du XVIIIe siècle. Les grandes vagues du cycle de Kondratiev correspondent assez fidèlement aux grandes dynamiques observées sur une multitude de facteurs. Nous aurons l'occasion dans un prochain chapitre de détailler et de projeter l'analyse de Nikolaï Kondratiev. Pour compléter l'approche, nous avons réalisé un graphique très approximatif, montré ci-dessous. Le cycle théorique depuis 1950 a été projeté, mais cela donnera lieu à une argumentation ultérieure.

	La hausse a duré de la fin des années 1780 ou début des années 1790 jusqu'en 1810-1817.
Premier cycle long	
	Le déclin a duré de 1810-1817 jusqu'en 1844-1851.
Deuxième cycle long	La hausse a duré de 1844-1851 jusqu'en 1870-1875.
	Le déclin a duré de 1870-1875 jusqu'en 1890-1896.
Troisième cycle long	La hausse a duré de 1890-1896 jusqu'en 1914-1920.
	Le déclin a probablement commencé dans les années 1914-1920.

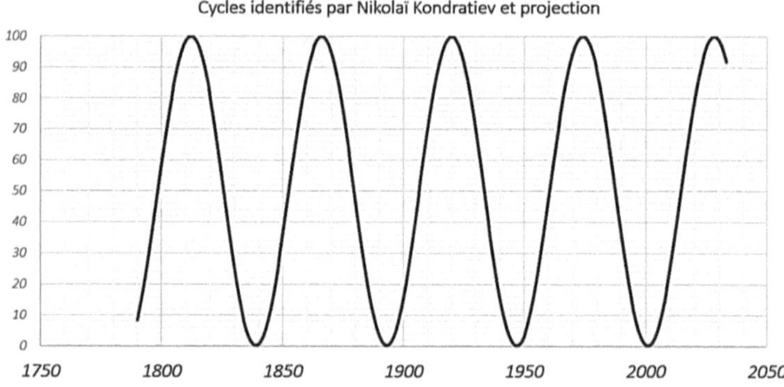

Il nous apparaît que les sommets majeurs du cycle correspondent, à quelques années près, aux sommets majeurs de l'inflation à long terme (1812, 1865, 1920, 1974). Par ailleurs, les sommets ont souvent tendance à être synchronisés, mais nous expliquerons cela plus tard. De même, les plus bas du cycle long ont été observés autour de 1840, 1895, et 1945-1950 avec la fin de la Seconde Guerre mondiale et la reprise économique. Le dernier plus bas du cycle long aurait été validé vers 2000 (ou 2004-2005 si on fait la moyenne des récessions de 2000 et 2009). Mais l'essentiel pour le lecteur est d'abord de saisir les dynamiques décrites avant 1950.

Nous avons montré comment les cycles longs furent identifiés dans l'histoire économique. Pourtant, dès la fin du XIXe siècle, certains économistes avaient déjà énoncé l'existence d'une telle période et caractérisé son déroulement. Nous pouvons encore citer un personnage singulier dans l'histoire de la pensée économique : Samuel Benner. Ce fermier de l'Ohio écrivit un livre prémonitoire en 1884 intitulé *Benner's Prophecies*. Son approche est, disons-le, à la fois plus audacieuse et plus intelligente.

> *« Les cycles dans les paniques et dans les hausses et les baisses des prix des biens agricoles et manufacturés ne sont que les effets d'une cause; qui se manifestent en périodes de 16, 18 et 20 ans pour les paniques; qui reviennent dans le même ordre tous les 54 ans, en périodes de 8, 9 et 10 ans dans le prix de la fonte; qui reviennent dans le même ordre tous les 27 ans, avec des baisses de 5 et 6 ans dans le prix du maïs et du porc [...][35]. »*

Samuel Benner a notamment étudié les cycles des paniques financières, les cycles dans le prix du porc ou encore les cycles dans le prix de la fonte. L'intérêt de son approche tient à deux choses. Premièrement, il pose un préalable à la validité de la théorie des cycles. Ensuite, il établit l'existence de cycles qui se succèdent les uns aux autres, chacun ayant une période différente mais qui se répète dans le même ordre. Par exemple, il considère que les paniques finan-

---

[35] *Benner's Prophecies* (1884), page 111, Samuel Benner.

cières reviennent régulièrement par cycles de 18 ans, 20 ans, et 16 ans. Les trois cycles forment un plus grand cycle de 54 ans (18 + 20 + 16) et se répètent dans le même ordre.

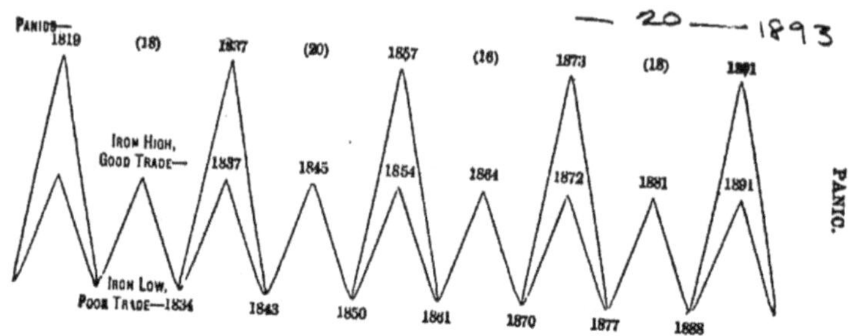

Le graphique des paniques qu'il trace est présenté ci-dessus. La liste des périodes relatives aux paniques qu'il a établie mérite notre attention près de 140 ans plus tard. En décalant de quelques mois le cycle des paniques de Samuel Benner à partir des dates et des périodes qu'il a énoncées, nous retrouvons les dates de 2000, 2008, 2020 comme paniques majeures. Et effectivement, il s'agit bien des dernières grandes paniques. À son époque, il avait décrit l'existence d'un cycle majeur, et d'un cycle mineur, ce qui explique que seulement 8 ans peuvent séparer deux paniques. Il identifia pour sa part les dates de 1837, 1845, 1857, 1864, 1873, 1881, et ainsi de suite. Sa grande prévision fut d'anticiper la crise de 1890/1891, qui annonçait aussi le plus bas du cycle long de Kondratiev.

Pour la parenthèse, nous pourrions ainsi envisager un tel calcul à partir de la bulle de 2000, par exemple. En effet, dans le cas d'une projection en revenant vers le passé, nous obtenons comme dates majeures : 1982, 1966, 1946, 1928, 1912, 1894… Ainsi, cela correspond en effet à la plupart des extrêmes du marché (Dow Jones). Mais les possibilités d'application sont variées. Par ailleurs, une application sinusoïdale serait mieux adaptée. Nous ne faisons qu'introduire une proposition aux variations du marché sur le dernier siècle. Dans un article pour *Cointribune*, nous avons déjà eu l'occasion de mettre également en avant l'observation suivante, que nous ne développerons pas plus ici.

> *«Bien qu'il soit clair que le cycle de 54 ans reste toujours effectif à l'heure actuelle, la temporalité du cycle de Benner ne fut pas entièrement pertinente sur la moitié du XXe siècle. Ainsi, 22 ans séparent la crise de 1929 de la panique de 1907. Plus tard encore, 17 ans séparent la crise de 1929 de la chute de 1946. Et 20 ans encore séparent 1946 du sommet majeur de 1966. Puis 21 ans séparent le sommet de 1966 avec la panique de 1987. En outre, à nouveau 21 ans séparent la panique de 1987 de la panique de 2008. Il peut donc exister une variabilité dans cette course aux paniques. Ces dernières semblent être espacées par 20 ans en moyenne sur le XXe siècle plutôt que par les 18 ans suggérés par Samuel Benner[36].»*

Mais la discussion sur la temporalité des paniques financières pourrait être envisagée dans un ouvrage dédié. Par exemple, Ralph Nelson Elliott pensait que les extrêmes du marché étaient espacés par des périodes de Fibonacci. Mais cela semble toutefois moins fondé que l'approche de Samuel Benner. Samuel Benner énonce ainsi l'évidence suivante qui doit toujours être rappelée à notre esprit.

> *«Tant que l'Histoire dans le détail ne se répète pas elle-même, le futur ne peut être jugé par le passé, et toutes*

---

[36] *Qu'est-ce que le cycle de Benner?*, Cointribune, 19 avril 2023, Thomas Andrieu.

les prospections humaines en termes de mouvements cycliques sont vaines; et il n'y a rien de plus sûr et certain pour les hommes à la date et à l'âge présent que les taxes et la mort[37]. »

Il ajoute également la conviction suivante :

« La science des cycles de prix est encore dans le berceau de l'enfance, mais attend son heure pour atteindre le développement complet de sa maturité, pour dérouler ses principes, et déclarer ses oracles à toute l'humanité[38]. »

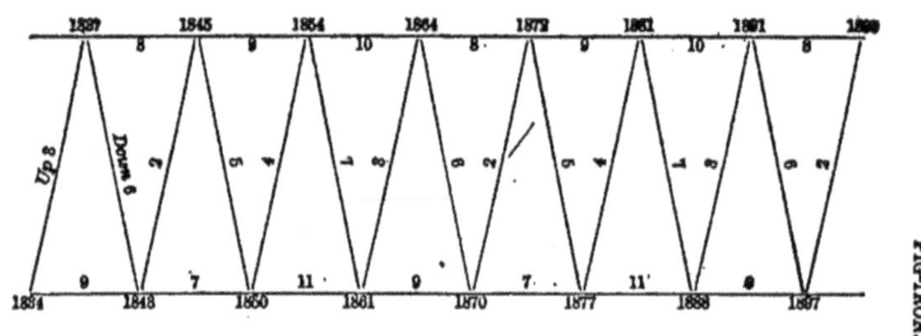

Par ailleurs, il identifie également l'existence d'un grand cycle de 27 ans sur le prix de la fonte, comprenant trois cycles (entre les sommets) de 8 ans, 9 ans et 10 ans qui se répètent dans le même ordre. Soit une durée moyenne entre les plus hauts de 9 ans. Parallèlement, trois cycles (entre les plus bas) se succèdent avec une période de 9 ans, 7 ans, et 11 ans. Soit une durée moyenne entre les plus bas de 9 ans. Il apparaît immédiatement qu'un grand cycle de prix sur la fonte est décrit tous les 27 ans, c'est-à-dire qu'un cycle des paniques de 54 ans comprend deux cycles sur le prix de la fonte. Le génie de son approche tient au fait que les cycles ne se répètent pas selon

---

37 *Benner's Prophecies* (1884), page 43, Samuel Benner.
38 *Benner's Prophecies* (1884), Conclusion, Samuel Benner.

des périodes identiques mais effectivement distinctes. De plus, il parvient à déceler des périodicités qui correspondent étroitement à celles discutées plus scientifiquement par Nikolaï Kondratiev et bien d'autres.

Le cas de Samuel Benner mérite d'être largement diffusé, car il est à la fois précurseur et tout à fait adéquat. Dans tous les cas, l'évolution de la théorie des cycles parvient à s'étendre après les travaux de Nikolaï Kondratiev. En 1939, soit 1 an après l'exécution de Nikolaï Kondratiev, Joseph Aloïs Schumpeter (1883-1950) publie *Business Cycles*. Cet ouvrage prodigieux, de plus de 1 000 pages, est une véritable bible dans la conceptualisation des cycles économiques.

> *« Du point de vue de la méthode particulière dont il est question, on peut faire valoir que même si nous écartons comme peu fiables les environs de chaque cycle qui se produit lors des déclins, nous avons trois environs Kitchin pour chaque Juglar et six environs Juglar pour chaque Kondratiev, et que si nous ajustons ces données en tenant compte, d'une part, de la possibilité de cycles à deux phases et, d'autre part, de nos postulats sur la régularité et la courbure, nous ne nous éloignerons probablement pas beaucoup de la réalité, même si nous pouvons parfois douter des valeurs précises des amplitudes relatives[39]. »*

Joseph Schumpeter est assurément un économiste qui a contribué à la diffusion de la théorie des cycles. Il montre tout au long de ses travaux le caractère endogène[40] des cycles éco-

---

[39] *Business Cycles* (1939), Joseph Aloïs Schumpeter.

[40] *« Il est évident que tout mouvement cyclique qui se manifeste de manière persistante est extrêmement peu susceptible d'être dénué de sens. »* – *Business Cycles* (1939), Joseph Aloïs Schumpeter.

nomiques qui sont impulsés par l'innovation et le rôle des entrepreneurs. Joseph Schumpeter n'a pas d'orientation idéologique définie, car il s'inspire aussi bien de Karl Marx qu'il discute de concepts désormais libéraux. Dans tous les cas, il montre que les cycles de Kitchin, les cycles de Juglar et les cycles de Kondratiev peuvent à eux trois décrire de manière assez réaliste la dynamique économique. Joseph Schumpeter a donné à la théorie des cycles ses lettres de noblesse dans le milieu académique, mais là encore, les barrières idéologiques demeurent considérables.

Un autre personnage attire notre attention : Edward Russel Dewey (1895-1978). Cet économiste, qui a travaillé pour le président Herbert Hoover (31e président des États-Unis d'Amérique) dans le cadre de la Grande dépression, a dédié sa carrière à l'étude des cycles. Il est d'ailleurs le fondateur de la très respectable *Fondation pour l'étude des cycles*, active depuis 1941 et qui publie régulièrement des travaux sur la question. En 1971, il publie à la fin de sa vie un ouvrage majeur. Ainsi, il met par exemple en avant un cycle de 9,2 ans dans l'évolution boursière. Dans le domaine historique, il identifie un cycle de 142 ans dans les conflits internationaux (qui concorde par ailleurs assez bien avec la réalité jusqu'ici). Mais il serait bien trop long pour nous de décrire dans le détail ses travaux et la foi qu'il place dans la recherche des cycles.

> *« Une nouvelle science qui traite du comportement des évènements se reproduisant à intervalles raisonnablement réguliers dans tout l'univers peut finalement nous permettre de prédire, scientifiquement et avec précision, les évènements de demain[41]. »*

---

[41] *Cycles: the Mysterious Forces that Trigger Events* (1971), page 2, Edward Dewey.

Nous verrons plus tard que les auteurs de la deuxième moitié du XXe siècle se sont attachés à poursuivre et à détailler les travaux des économistes qui ont été présentés. De même, une nouvelle approche des cycles s'est développée en finance, que ce soit dans le domaine de l'analyse technique (JM Hurst), ou dans le domaine des statistiques (Benoît Mandelbrot). Cela montre une fois de plus les incroyables progrès de la science dans ce domaine.

Ce chapitre a montré clairement comment la théorie des cycles s'est construite en économie et en finance. Ce mystère des cycles dépasse allègrement la problématique de l'économie et de la finance. Il a très tôt intéressé des économistes parfois renommés, et parfois isolés. Mais il est tout à fait troublant de voir que ces auteurs ont progressivement convergé vers des observations et des explications communes, et qu'une théorie d'une puissance considérable s'est affirmée. Malgré tout, le XXe siècle, qui fut celui de l'interventionnisme, n'a pas donné grand crédit à la théorie des cycles. Mais les données statistiques montrent constamment l'existence de dynamiques temporelles, et plutôt que de recourir à des modèles atemporels, nous préférons de nos jours regarder les évènements économiques comme nous lisons le journal ou comme nous jouons avec des pions. Cependant, chaque date a sa place, chaque amplitude a son importance, et au final, un ordre se dégage toujours de ce qui paraît trouble et diffus.

La théorie des cycles n'est pas une imprécision ou un amalgame de la société capitaliste. Elle cumule des milliers de pages, des dizaines et des dizaines d'auteurs, et des siècles de recherche. Les faits présentés y sont suffisamment nombreux pour admettre l'importance de phénomènes inconnus à la théorie économique la plus linéaire. Les cycles ne sont donc plus un mystère dans leur forme extérieure, car nous pouvons désormais les définir et mettre des noms sur des cycles spécifiques. Mais la véritable inconnue demeure celle de savoir pourquoi les cycles se répètent de cette manière. Notre intérêt porte véritablement sur cette *loi de vibration*[42] des marchés économiques et financiers.

---

[42] Expression en référence à *The Law of Vibration: The Revelation of William D. Gann* (2013), Tony Plummer.

DEUXIÈME PARTIE

LA LOI DE VIBRATION DES MARCHÉS

CHAPITRE 3

Le Temps économique

«L'idée que les dynamiques de la vie économique dans l'ordre social capitalistique ne sont pas simples et linéaires mais plutôt complexes et au caractère cyclique est aujourd'hui généralement reconnue. La science, cependant, est loin d'avoir clarifié la nature et les types de ces mouvements cycliques et ondulatoires. »

— Nicolaï Kondratiev (1892-1938), 1926

Il a été montré, dans le chapitre précédent, par quels moyens un ensemble d'auteurs sont parvenus à établir la théorie des cycles économiques. Cette théorie, contrairement à beaucoup d'autres, n'est pas le fait d'une personne à un moment donné. Elle est le fait de très nombreux économistes. La théorie des cycles économiques apparaît comme un des rares principes constants de la science économique. Il est assez incompréhensible que l'union de tant d'esprits prodigieux autour d'un même principe de cyclicité reste aujourd'hui étranger à la plupart de nos contemporains.

L'idée que les cycles expliquent la dynamique économique s'oppose directement aux politiques de planification et de contrôle de l'économie. Nous montrerons dans ce chapitre les raisons pour lesquelles il est relativement possible de disposer d'un pouvoir de contrôle à court terme sur l'économie. Mais un projet de planification de l'économie qui porterait sur plus d'un demi-siècle serait rationnellement voué à la faillite, car aucune forme d'intelligence ne peut s'affranchir de dynamiques bien supérieures à ce que l'imagination nous laisse entrevoir.

Il existe véritablement un *Temps économique* qui est généralement ignoré dans son ensemble. Nous insistons ici sur le terme de Temps économique car il s'agit d'un système tout à fait singulier, qui semble poursuivre sa course malgré les civilisations, les catastrophes et les expansions. Les civilisations se succèdent, héritent les unes des autres, parfois par la seule force de leur origine commune, et dans cette course à la survie, terminent toutes, sans exception, contraintes par la réalité du Temps. Le Temps économique est parfois cruel, car certains de ses cycles sont de nature plus irrégulière et sauvage que d'autres. Parfois, le Temps économique est prodigieux par les interférences cycliques qu'il entraîne, mais nous discuterons de ce dernier point plus tard. Car en vérité, la seule différence entre la stabilité et l'instabilité, c'est le moment où elles prennent effet.

Les périodes de croissance économique peuvent être associées à une accélération relative du temps (ou de la production par heure), là où le déclin économique implique le ralentissement du temps humain. Le Temps économique ne désigne pas l'alternance entre les périodes de croissance et de repli, mais il désigne les dynamiques proprement temporelles qui expliquent l'apparition d'évènements économiques sur une période précise plutôt qu'une autre. Dans les pages suivantes, nous allons nous attacher à détailler un ensemble de données statistiques. En outre, nous allons notamment nous baser sur les écrits du professeur américain Brian Berry[43], et ceux du financier Tony Plummer[44].

---

[43] *Long-Wave Rhythms in Economic Development and Political Behavior* (1991), Brian Berry.
[44] *Forecasting Financial Markets* (2010), Tony Plummer.

« Soyez d'accord avec cela ou pas, nos vies apparaissent être incluses dans un ordre supérieur de complexité : collectivement, nous sommes un organisme social qui montre des fluctuations autorégulatrices autour d'une direction de croissance, un équilibre dynamique. Les cycles longs devraient être considérés parmi ces fluctuations, ces processus par lesquels des innovations sont introduites, diffusées, saturées, surpassées, et finalement complétées[45]. »

– Brian Berry

Ces deux auteurs ont mené une décomposition intéressante des cycles de Kondratiev. En effet, ils décomposent chaque cycle de Kondratiev en quatre périodes de 12 à 15 ans chacune en moyenne. Ces quatre phases correspondent à des rythmes différents dans l'équilibre inflation/croissance. Ils identifient d'abord une phase de croissance reflationniste, suivie d'une phase inflationniste avec une croissance plutôt faible. Ensuite, nous assistons à un ralentissement de l'inflation, puis du niveau de croissance. Dans la dernière phase du cycle long, des dépressions économiques peuvent se manifester tandis que nous observons parfois de la déflation. Le processus peut se résumer par l'évolution suivante, les dates étant données à titre indicatif.

- Forte croissance économique avec une reprise inflationniste (1845, 1900, 1950, 2010).
- Forte inflation avec croissance économique instable ou stagflation (1812, 1864, 1920, 1974).
- Faible inflation avec forte croissance économique ou croissance désinflationniste (1830, 1870, 1929, 2000).
- Faible inflation avec faible croissance ou dépression (1844, 1893, 1930, 2009).

---

[45] Introduction, *Long-Wave Rhythms in Economic Development and Political Behavior* (1991), Brian Berry.

Nécessairement, il s'agit d'une généralisation des cycles de Kondratiev. Nous allons cependant montrer que la croissance, et plus encore l'inflation, ont un comportement très régulier, cycle après cycle. Les quatre graphiques suivants montrent le niveau de croissance réelle du PIB et le taux d'inflation pour les États-Unis. Nous avons représenté chaque graphique de sorte à découper un cycle complet de Kondratiev. Cette décomposition temporelle peut évidemment être discutée. L'étude des chiffres économiques porte ainsi sur plus de deux siècles sur la base des données fournies par la Federal Reserve Bank Of Minneapolis et par le Bureau of Labor Statistics.

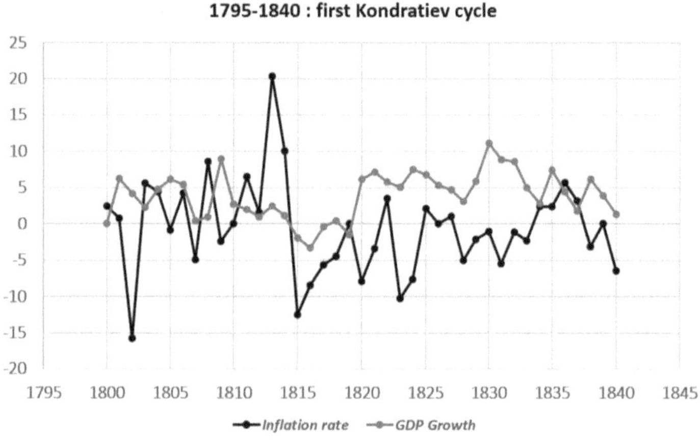

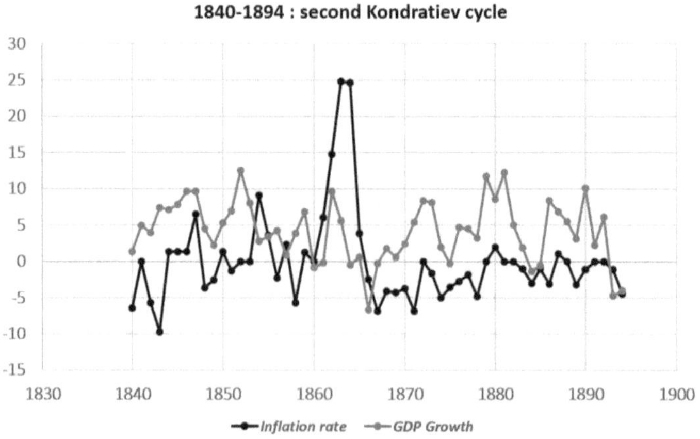

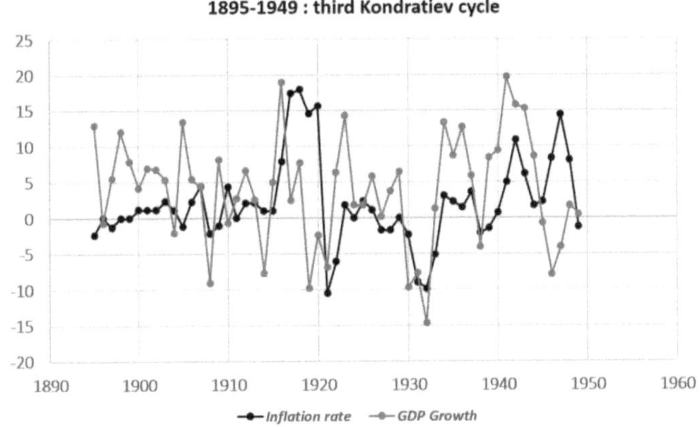

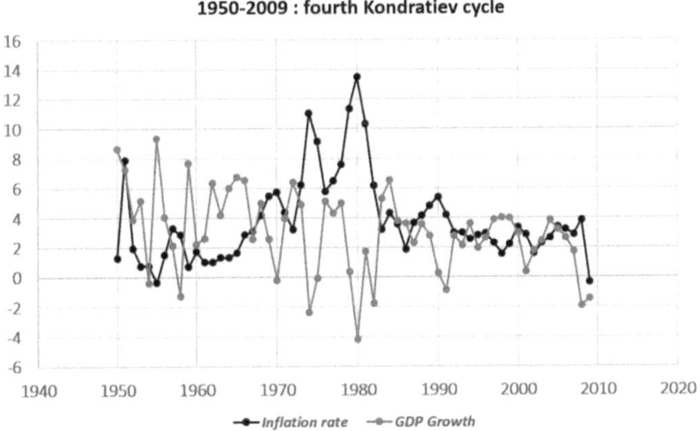

Manifestement, il est clair que si le rythme d'inflation en noir varie d'une époque à l'autre, il y a bien un rythme fondamental dans l'évolution des prix. Comme nous le montrerons au chapitre 6, l'évolution des prix ne s'explique pas suffisamment par l'offre ou par la demande. Dans tous les cas, les graphiques présentés à l'étude montrent une conclusion unanime. Nous observons autour du milieu de chaque cycle de Kondratiev un pic inflationniste majeur. Par conséquent, les périodes de déflation sont souvent caractéristiques de la transition entre deux cycles de Kondratiev.

Ensuite, le niveau de croissance présenté en gris semble moins synchronisé d'une époque à l'autre. Malgré tout, nous pouvons assez clairement distinguer deux cycles de Kuznets dans chaque cycle long, en admettant que la durée d'un cycle de Kuznets soit située autour de 25 à 27 ans. Les cycles de Kuznets désignent des cycles dans le rythme de croissance. Nous observons ici que ces cycles sont souvent synchronisés avec les plus bas du cycle de Kondratiev. Il est intéressant de noter, par ailleurs, que les dépressions prennent effet en moyenne 27 ans après les sommets inflationnistes. Cela implique qu'un pic d'inflation au milieu de chaque cycle de Kondratiev est souvent accompagné d'un déficit de croissance, nous parlons alors de situation de stagflation. Il apparaît aussi au travers de ces graphiques que l'inflation semble être un paramètre plus exacerbé, et par conséquent plus explicite, de la position de l'économie dans le cycle long.

Nous tenons à souligner parfois l'extrême symétrie temporelle qui existe entre les données économiques. Les deux graphiques ci-après montrent clairement que l'inflation et la croissance économique ont une véritable mémoire longue. Le premier graphique compare les quatre cycles de Kondratiev relatifs à l'inflation. Il a ensuite été ajouté la moyenne de ces quatre cycles en noir. De même, le deuxième graphique montre la croissance pour les quatre cycles avec leur moyenne.

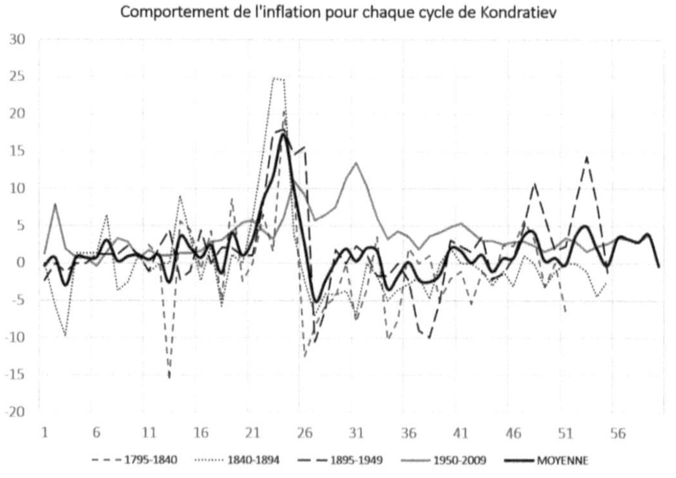

Jamais les faits présentés ne seraient admis sans leur comparaison effective et concrète. En effet, la comparaison des courbes de l'inflation pour chaque cycle de Kondratiev est admirable. Il existe une symétrie presque parfaite entre les pics et les niveaux d'inflation d'un cycle à l'autre. D'ailleurs, le choc inflationniste récent présente une forte symétrie avec la première vague inflationniste du précédent cycle. La moyenne de tous les cycles d'inflation, présentée en noir, montre clairement une faible variabilité avec l'inflation des différentes époques qui l'entoure. Cela signifie que l'inflation tend à être symétrique en termes de niveaux et de temporalité, ce qui est singulièrement admirable. La probabilité d'assister à une telle proximité dans le comportement de l'inflation sur plus de 200 ans est simplement quasi nulle. L'affirmation selon laquelle l'économie répond à des logiques assez déterminées à long terme n'est pas seulement affirmative, elle est d'abord démontrée empiriquement.

Par suite, nous noterons qu'un pic d'inflation se produit généralement 23 ans à 25 ans après le début du cycle de Kondratiev. Le retour à la normale est parfois suivi par de la déflation, à peu près à la moitié du cycle de Kondratiev. Cela est cohérent avec les cycles de Kuznets. Mais il s'agit rarement de dépressions économiques, car nous sommes ici confrontés à des mécanismes d'ajustement face à un excès inflationniste. Le reste du temps, le comportement de l'inflation reste souvent canalisé entre -5 % et 5 %. Les dépressions se manifestent quant à elles plutôt autour de 35 à 40 ans du cycle de Kondratiev, et parfois en toute fin de cycle.

Avec la même méthode, nous avons représenté les quatre cycles de croissance avec leur moyenne en noir. La croissance économique pour les États-Unis depuis 1800 montre un comportement plus variable que celui de l'inflation, mais une symétrie semble malgré tout se dégager. Ainsi, la croissance économique est plutôt stable, positive et récurrente, dans la première moitié du cycle de Kondratiev. Une perturbation majeure intervient cependant en général à la moitié du cycle de Kondratiev. Sans pour autant marquer une dépression économique, la cassure du rythme de croissance entraîne l'entrée dans la phase descendante du cycle long. Si la croissance peut varier fortement d'un cycle long à l'autre, nous noterons aussi l'importante synchronicité des cycles de Juglar dans la croissance économique dans le long terme. Les pics tendent à se synchroniser d'une époque sur l'autre, et les creux tendent aussi à se synchroniser d'une époque sur l'autre.

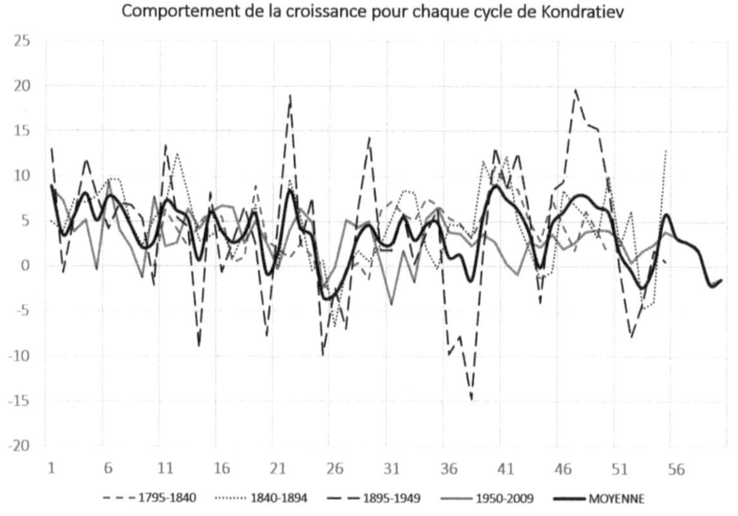

En tout cas, les perturbations de la croissance économique semblent plus nombreuses et plus violentes dans la deuxième moitié du cycle de Kondratiev. Les vagues semblent mieux dessinées, et les dépressions frappent de manière plus récurrente dans la toute fin du cycle de Kondratiev, ainsi qu'autour du milieu de la phase descendante.

Par conséquent, nous devons être conscients que l'économie réagit selon des temporalités symétriques dans le long terme. Il est vain de préciser que sur des échelles de temps aussi longues, aucune politique économique ou monétaire ne peut expliquer ces régularités. De même, aucune guerre, ni aucun évènement exceptionnel, n'est de nature à expliquer le comportement régulier de l'économie à long terme. Ces faits démontrent nettement l'affirmation de Nikolaï Kondratiev selon laquelle il s'agit d'une dynamique propre à l'économie capitaliste. Les quatre saisons de l'économie à long terme sont aussi une logique propre à cette dynamique. Tandis que la croissance marque souvent deux grands cycles de Kuznets tout au long de la durée du cycle de Kondratiev, l'inflation marque souvent un pic important avant ou autour de la moitié du cycle long. Malgré tout, les dépressions économiques sont généralement le fait de la phase descendante du cycle de Kondratiev. De sorte, l'été ne peut se produire directement avant ou après l'hiver, et l'ordre naturel de la chose économique est respecté. Il y a une graduation dans la dynamique économique, en même temps qu'une forte synchronicité.

Nous mentionnerons enfin le fait que l'inflation a connu quatre grands pics depuis 1800 aux États-Unis : un premier en 1813 avec 20 % d'inflation, en 1864 avec 24,6 %, en 1920 avec 15 %, et enfin en 1974 avec 11 % (puis en 1980 avec 13 %). Manifestement, nous observons la récurrence d'un cycle de 50 à 55 ans. Les principales sources d'inflation à long terme sont l'immobilier, la santé, la nourriture et les transports. Le graphique ci-dessous reprend le niveau d'inflation en fonction de l'inflation de l'année précédente. Il existe une persistance dans la dynamique inflationniste.

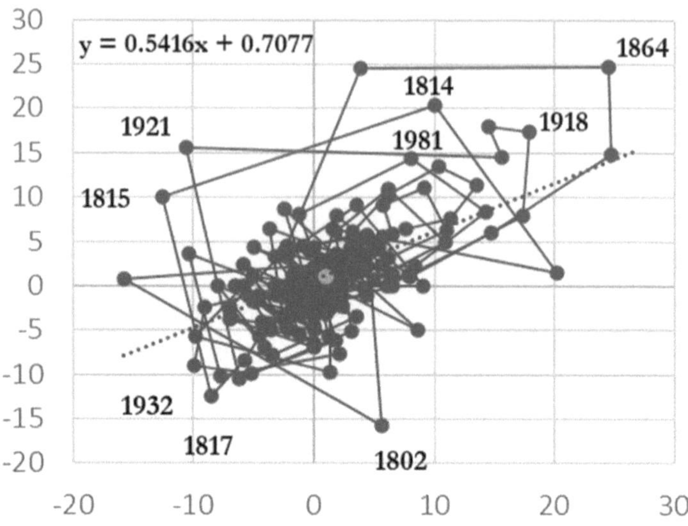

En moyenne, les années inflationnistes sont suivies par des années inflationnistes. À l'inverse, de la déflation a plus de chance d'être suivie par de la déflation. Ce phénomène montre bien que l'évolution de ces variables économiques ne relève pas d'une dynamique aléatoire. Au contraire, la persistance de la tendance est un élément de démonstration de la dépendance au temps. Si l'évolution de l'inflation avait été indépendante du temps, l'attracteur aurait été circulaire. Nous montrerons au chapitre suivant la manière de mesurer cette dépendance au temps.

Ainsi, la crise de 2020 a enclenché un processus cyclique tout à fait classique. Un cycle d'inflation pourrait persister autour de la période 2020-2036. Mais cela ne sera certain qu'a posteriori. Nous discuterons de notre position actuelle dans le cycle long dans le *Grand Livre des Cycles Économiques*. La crise sanitaire en 2020 a permis de mettre fin à un cycle de désinflation et d'introduire une dynamique inflationniste. La hausse des prix était indiquée préalablement par (1) la récurrence de cycles normaux, (2) la faiblesse des prix des matières premières et (3) les coûts de transport et de production dans les principaux pays producteurs. Par ailleurs, statistiquement, les fortes inflations (de plus de 12 %) sont surreprésentées à long terme. À l'inverse, les intervalles d'inflation sous-représentés sont situés entre +3,5 % et +8 %. Ainsi, il est nécessairement plus probable d'avoir au cours des prochains cycles des inflations de cet ordre.

Par ailleurs, l'existence de ce Temps économique influence nécessairement les marchés financiers. Il a été montré que l'économie réagit à des cycles dont la symétrie est très remarquable à long terme. Mais les mêmes observations peuvent être faites sur les marchés financiers. Il existe de nombreuses statistiques passionnantes, et parfois déconcertantes, sur les effets temporels du marché. Nous mentionnerons dans les chapitres suivants les causes et les moyens de mesurer la temporalité du marché. En outre, certaines approches des cycles se basent sur l'hypothèse de l'extrême précision de la temporalité. Mais ce qui retient notre intérêt, c'est la nature et la forme de ce Temps financier. Le recours aux statistiques est très utile, car c'est aussi un moyen de démonstration empirique de l'importance du temps sur les marchés.

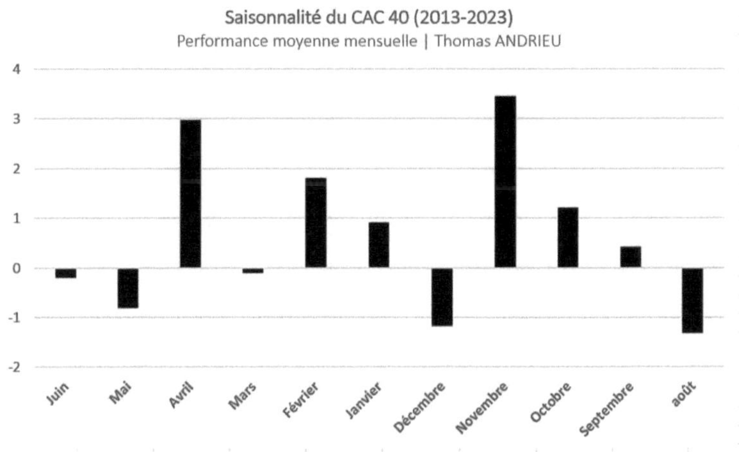

Par exemple, il est remarquable que les mois les plus performants sur le CAC 40 ces 10 dernières années aient été novembre, avril et février. Mais la performance mensuelle moyenne peut être biaisée par une importante instabilité d'une année sur l'autre. En ajustant la performance moyenne mensuelle de la volatilité, alors les mois à la fois les plus fiables et performants sont respectivement octobre, février et juillet. À l'inverse, le mois le plus fiable et le plus performant à la baisse semblerait être septembre. Par ailleurs, nous remarquerons que le CAC 40 performe deux fois plus que sa moyenne entre novembre et avril, ce qui n'est pas sans rappeler l'adage «*sell in May and go away*». Nous observons donc bien ici un phénomène temporel qui explique la majeure partie des performances de l'indice à long terme.

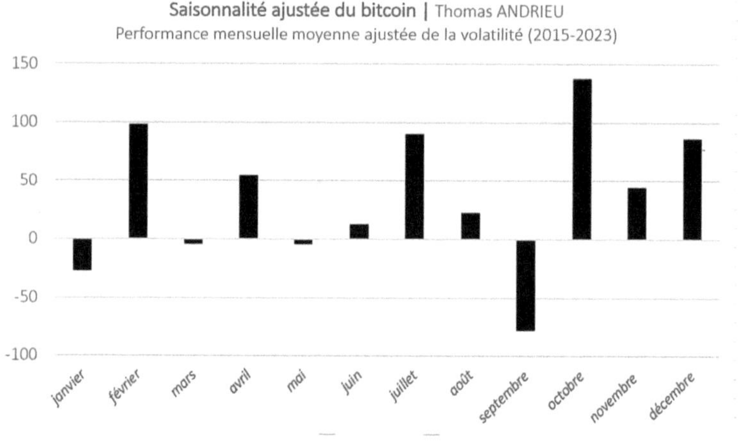

Des conclusions similaires apparaissent sur le bitcoin (BTC). Les mois les plus fiables et les plus performants sur le bitcoin ont été entre 2015 et 2023 les mois d'octobre, février, juillet et décembre. Nous retrouvons également septembre à la baisse. Par conséquent, la période de fin d'année semble particulièrement propice à un mouvement tendanciel. Dans

62 % des cas, le bitcoin grimpe entre fin septembre et décembre, pour une hausse moyenne de 70 %. Bien sûr, 62 % est une donnée assez faible, et elle ne peut fonder une stratégie. En tous cas, les mois avec les fréquences de baisse les plus faibles sont octobre, février et avril. Le mois de septembre présente à l'inverse une fréquence de baisse de 75 %. Dans le détail du court terme, le mercredi semble présenter une disposition particulière à la hausse, tandis que le week-end serait plutôt morne. Ces statistiques montrent simplement qu'il existe des phénomènes temporels parfois troublants, et certains gérants se basent sur ces stratégies.

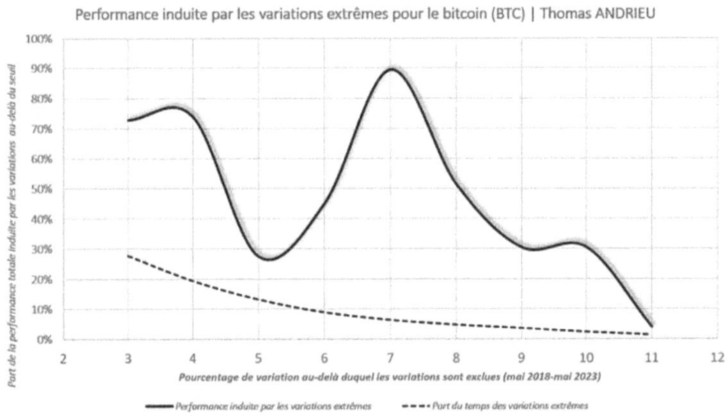

Mais la démonstration la plus impressionnante nous vient du peu de temps nécessaire pour générer l'ensemble des prix constatés sur les marchés. Nous poursuivons ainsi avec le cas du bitcoin, qui, en raison de sa volatilité, amplifie ces phénomènes. L'étude des variations extrêmes montre que 7 % du temps explique jusqu'à 90 % des performances du bitcoin. En effet, les variations inférieures à -7 % et supérieures à +7 %, qui ne représentent que 7 % des variations journalières, ont une disposition à générer des ruptures de tendance qui augmentent sensiblement la performance moyenne du bitcoin. La même observation peut être faite sur les actions, bien que les variations extrêmes jouent un rôle moins important que dans le cas du bitcoin. Ces chiffres montrent seulement l'importance de la temporalité sur le marché, car l'investisseur qui ne serait pas positionné sur les rares jours performants serait bientôt ruiné. L'étude des cycles paraît donc plus que jamais impérative. L'observation ultime de la mémoire longue du marché nous vient de la comparaison des différentes périodes d'évolution du cours d'un actif.

Le graphique ci-dessous montre en pointillés le cours de l'Or entre 2013 et 2022, sur une base 100 en 2013. La courbe continue est déterminée de la manière suivante : entre 1968 et 2022, nous avons décomposé le cours de l'Or en 6 cycles de 9 ans chacun. Nous avons ensuite fait la moyenne de ces 6 phases d'évolution pour obtenir un indice de base 100 au début de chaque cycle de 9 ans. La période de 9 ans est basée sur un choix empirique et graphique, et un cycle de 8 ans aurait peut-être montré une symétrie encore meilleure.

La comparaison des deux courbes, c'est-à-dire la comparaison de la moyenne des cours sur 9 ans entre 1968 et 2022, avec le cours entre 2013 et 2022, montre une symétrie claire et limpide. Plus impressionnant encore, le mouvement haussier puis baissier généré sur le cours de l'Or du fait de la guerre en Ukraine en 2022 était parfaitement symétrique à son évolution historique. Les creux et les sommets sont également bien synchronisés.

L'étude comparative des cours montre parfois des symétries temporelles encore plus impressionnantes. Dans tous les cas, cette méthode nous a permis d'anticiper sur les deux dernières années, en 2022 et en 2023, une évolution du cours de l'Or qui a été respectée par la suite. La même observation est faite sur les indices traditionnels. L'existence de cette symétrie temporelle relève évidemment des cycles, et peut-être plus encore des fractales. Ainsi, l'occasion de discuter de l'existence d'un cycle plus long de 16 ans sur le cours de l'Or s'est déjà présentée. Les marchés financiers présentent quant à eux des cycles issus directement ou indirectement de la dynamique économique. La bourse et le bitcoin montrent également des cycles proches de 3,5 à 3,6 ans. Nous aurons l'occasion dans la dernière partie de démontrer le lien étroit qui existe entre cycles démographiques, économiques et boursiers. Nous n'allons pas exposer ici tous les cycles dominants sur la plupart des actifs, ce travail a déjà été fait par ailleurs, mais il est important de saisir les observations fondamentales qui donnent la plus pure véracité à cette approche.

La brève exposition de ces données devrait suffire au lecteur pour comprendre véritablement que le temps détermine parfois grandement le comportement des marchés. En économie comme en finance, l'étude empirique montre à la fois des synchronicités troublantes, et si la durée des cycles peut se discuter d'un économiste à l'autre, il n'en demeure pas moins que le temps agit et génère une partie ou la totalité des mouvements observés.

Ce chapitre n'a eu d'autre utilité que de montrer, par des faits empiriques solides, qu'il y a un Temps pour tout. L'économie n'est pas un processus déchaîné, instable et insalissable. Si les conditions dans lesquelles les cycles se produisent et se re-produisent sont complètement différentes d'une époque à l'autre, la loi fondamentale reste constante et valable. Il est évident pour celui qui analyse les données économiques qu'une forte inflation ne peut être immédiatement suivie par une forte dépression économique. De la même manière, une grande période de prospérité commence rarement par une inflation galopante. Ces évidences sont la démonstration di-recte qu'il existe un ordre dans le déroulement des faits économiques. Nous devons toujours méditer le fait qu'il y a aussi, en économie, un Temps pour tout. De la même manière que l'été ne peut jamais se produire directement après l'hiver, l'économie présente généralement quatre dynamiques dans son comportement à long terme. Cette observation est la plus explicite sur l'inflation.

Nous attachons enfin de l'importance au fait que ce Temps économique est supérieurement complexe. L'observation précède toujours l'explication, mais il arrive parfois que cette explication soit prodigieusement subtile. Les chapitres sui-vants seront dédiés à cette quête.

CHAPITRE 4

Fractales et dépendance au temps

« Entre chroniques [historiques] de l'économie et du Nil [en Égypte[46]], la première ressemblance consiste dans le comportement cyclique non périodique qui les caractérise toutes les deux. [...] Dans les phénomènes cycliques, le plus frappant, c'est l'abondance même de cycles différents et la fragilité des critères qui définissent ou les définissent. Prenons par exemple une chronique couvrant un siècle année par année [...]. Nous y verrons à un bout des cycles courts dont la durée est de, mettons, 5 à 10 ans; à l'autre bout, des cycles longs dont la durée se compte en décennies. Ce qui à l'horizon proche paraissait comme une tendance à la croissance ("trend") se révèle être en réalité le début d'un cycle qui finit bientôt par changer sa direction[47]. »

– Benoît Mandelbrot (1924-2010)

Une question émerge de notre esprit : le temps a-t-il une influence sur le comportement des sociétés, de l'économie et des marchés? La réponse n'est pas seulement positive, elle est déterminante pour la suite de nos analyses. Ce chapitre est probablement le cœur de la démonstration effective de l'existence des cycles et de leur influence sur la vie courante.

---

[46] Les *« chroniques du Nil »* désignent l'historique des données relatives aux crues ou au niveau d'eau du fleuve du Nil. L'étude des cycles non périodiques dans les phénomènes naturels fut notamment développée par l'hydrologue Harold Edwin Hurst (1880-1978), qui a inspiré le nom du *« coefficient de Hurst »*.

[47] *Fractales, hasard et finance* (1997), page 163, Benoît Mandelbrot (1924-2010).

L'importance de la temporalité sur la manifestation des évènements reste incomprise, et les erreurs qui en découlent sont grandes. Le fait qu'une guerre commence aujourd'hui plutôt que demain, qu'une épidémie ait fait rage hier plutôt qu'aujourd'hui, que l'inflation fasse rage maintenant plutôt qu'après-demain, le fait qu'une entreprise soit vouée au succès hier plutôt qu'aujourd'hui… Tout cela est le fait de la temporalité de l'économie. La synchronisation des individus, des évènements, des ressources et des énergies : voilà la seule véritable source de manifestation des évènements à long terme. Nos sociétés ne sont pas régies par des décisions de politiques, ni par l'action individuelle d'acteurs effectivement indépendants, mais bel et bien par l'ensemble des moyens hérités de nos ancêtres. Le libre arbitre règne souvent à court terme, mais la détermination la plus féroce gouverne, principiellement pour ainsi dire, la direction générale du monde à long terme.

La temporalité a toujours soulevé, de près ou de loin, des questions existentielles. L'Histoire est pleine d'anecdotes et d'histoires aussi folles les unes que les autres. Mais il est impératif de savoir quel rôle a eu la temporalité des évènements sur l'histoire des sociétés et de l'économie. Ce n'est pas le passé que l'on veut réécrire, mais bien l'avenir qu'on veut esquisser… Que se serait-il produit si l'espèce humaine ne s'était pas assez répandue à la fin du dernier cycle glacier pour devenir l'immense Humanité que nous connaissons aujourd'hui ? Que se serait-il produit si l'écriture était apparue trop tôt dans l'Histoire de l'Humanité, sans laisser aux civilisations la possibilité de se faire concurrence pour favoriser la diffusion de l'écriture ? Que se serait-il produit si Napoléon Bonaparte était né génois seulement 18 mois avant ce fameux 15 août 1769 ? Que se serait-il produit si Adolf Hitler était mort au combat plutôt que d'en sortir décoré de la Croix de fer en août 1918 grâce à un officier juif[48] ; alors qu'après avoir été gazé dans les Flandres, les médecins qualifieront Adolf Hitler en octobre de « *psycho-pathe présentant des symptômes hystériques* » ?

Nous touchons précisément aux mécaniques de la temporalité et du chaos avec lesquelles un simple battement d'ailes de papillon peut provoquer un ouragan à l'autre bout du monde, et aux fractales avec lesquelles les mêmes schémas se répètent d'un âge à l'autre à un moment déterminé.

De fait, de grandes avancées nous permettent aujourd'hui de comprendre véritablement l'influence du temps sur nos comportements, et sur la direction des sociétés humaines. Parmi les démonstrations les plus brillantes, nous retrouvons celle établie par le mathématicien Benoît Mandelbrot (au sujet de la *non-stationnarité* des marchés financiers dans le temps). Une idée absolument bouleversante naît de l'étude des fractales : la direction des marchés financiers à long terme est inscrite dans la variation du prix sur une courte période de temps. L'idée que « *la plupart des changements de prix sur une longue période étaient concentrés dans un nombre restreint de jours de trading* » rabat la lecture de l'ensemble des phénomènes de notre monde contemporain. Car ce qui s'applique aux cotations en finance s'applique aussi aux évènements politiques et sociaux qui les influencent ou sont influencés par les marchés.

> « *Les variations au jour le jour du prix du marché avaient un second moment infini. La conséquence était que la plupart des changements de prix sur une longue période étaient concentrés dans un nombre restreint de jours de trading et c'était là que les for-*

---

[48] Hugo Gutmann (1880-1962), officier de l'armée allemande.

tunes se faisaient et se défaisaient. [...] Les fractales naturelles montrent des formes de tailles très diffé-rentes (allant d'une grande échelle à une échelle inférieure), juste comme les données financières mon-trent des "cycles" de durées très différentes[49]. »

– Benoît Mandelbrot, 1997

De là, la conclusion la plus élémentaire naît. Un cycle est une déformation de l'espace-temps, une concentration ou une déconcentration de l'énergie en fonction du temps. En con-séquence, un cycle, c'est-à-dire l'évolution complète d'un point de départ à un point final similaire, ne peut exister que si et seulement si les évènements qu'il manifeste sont dé-pendants du temps. Autrement dit, un évènement est cyclique seulement si son apparition est dépendante, partiel-lement ou totalement, du moment où cet évènement se produit. Par exemple, si le moment de votre naissance dans le cycle de la vie avait été décalé de quelques mois ou de quelques années seulement, il est probable que votre par-cours professionnel ou personnel eût été significativement différent de votre situation actuelle, car la finalité des choses qui nous entourent n'est pas la même selon qu'elles agissent aujourd'hui ou demain. Nous soulignons ici, comme pour les évènements des sociétés humaines, l'importance du mo-ment où chacun de ces évènements se produit.

La démonstration la plus formidable de cette observation est notamment faite en finance. Les outils mathématiques et statistiques dont nous disposons nous permettent de juger si le cours d'un actif est plus ou moins cyclique. En ce sens, il

---

[49] *Fractals and Scaling in Finance* (1997), Benoît Mandelbrot, from Fore-word and Preface, page 1.

nous est possible de mesurer mathématiquement la dépendance d'un mouvement de prix au temps. Nous observons ainsi que la tendance de prix de certains actifs, comme pour les cryptomonnaies avec bitcoin (BTC) ou ethereum (ETH), ou certaines actions, est entièrement ou presque dépendante du moment où cette tendance se forme. De même, les tendances de prix sur d'autres actifs, comme l'Or par exemple, ont une dépendance au temps plutôt faible ces dernières années. Nous allons ainsi montrer, à travers un exemple intuitif, comment le temps influence le comportement des marchés et des sociétés.

Effectivement, il nous est possible de mesurer la dépendance du prix d'un actif au temps, et en ce sens de juger de la présence de «*cycles*» importants et déterminants. Pour illustrer notre propos, nous prenons l'exemple fictif d'un actif dont la volatilité[50] mensuelle mesurée est de 6 %. Cela signifie que l'actif a une volatilité mensuelle assez raisonnable, que nous observons sur la plupart des actifs. *Mais cette volatilité est-elle également «raisonnable» à long terme ?*

Jusqu'ici, les analystes faisaient l'hypothèse que l'évolution de prix dans le long terme était indépendante du temps, et que l'hypothèse de mouvements cycliques était exclue. Pour déterminer la volatilité annuelle d'un actif dont la volatilité mensuelle mesurée est de 6 %, alors nous procédons à une «*annualisation de volatilité*». Dans le détail (facultatif) du calcul, nous multiplions la volatilité mensuelle par la racine carrée du nombre de mois dans une année (12). Nous calcu-

---

[50] La volatilité désigne «*l'instabilité d'un actif*». C'est un critère souvent retenu en finance pour juger des mouvements «*probables*» dans l'avenir d'un prix. Une faible volatilité signifie la présence de variations minimes et peu amples de l'actif, tandis qu'une volatilité élevée traduit des mouvements de prix violents sur une période relativement courte.

lons alors que la volatilité annuelle (théorique) de l'actif est de près de 21 %, si nous considérons une volatilité mensuelle de 6 %, en faisant l'hypothèse de l'indépendance au temps.

$$\text{Volatilité mensuelle} \times \sqrt{12} = \text{volatilité annuelle}$$

$$6 \times \sqrt{12} = 6 \times 12^{\frac{1}{2}} \approx 20{,}78\,\%$$

Mais dans la réalité, la volatilité annuelle observée n'est pas de 20,78 %, mais de 35 % par exemple. Il est donc évident que l'hypothèse selon laquelle le temps n'a pas d'influence sur le comportement de l'actif à long terme par rapport au court terme est absurde. Le fait que nous ayons jusqu'ici considéré le postulat que les marchés et l'économie fonctionnaient de manière indépendante du temps est une des plus grandes absurdités scientifiques du siècle. En conséquence, nous faisons donc désormais l'hypothèse inverse, c'est-à-dire que la volatilité d'une échelle de temps sur l'autre est dépendante du temps, et nous cherchons à mesurer l'influence réelle du temps sur le comportement de cet actif. Dans notre cas, nous calculons la valeur d'un coefficient bien particulier (appelé coefficient de Hurst, compris entre 0 et 1), qui nous permet de mesurer la dépendance de l'actif au temps. Dans le détail (facultatif) du calcul, on obtient que la valeur de H est de 0,71 et nous en déduisons ainsi que le comportement de l'actif est assez fortement dépendant du temps.

$$\text{Volatilité mensuelle} \times 12^{\text{H}} = \text{volatilité annuelle}$$

$$6 \times 12^{\text{H}} = 35 \text{ soit } 12^{\text{H}} = \frac{35}{6}$$

Donc :

$$\text{H} = \frac{\ln\left(\frac{35}{6}\right)}{\ln(12)} \approx 0{,}71$$

Volatilité mensuelle observée	6 %
Nombre de mois dans une année	12
Volatilité annuelle théorique	20,78 %
Volatilité annuelle observée	35 %
Valeur du coefficient de Hurst (H)	H = 0,71 =ln(35/6)/ln(12)

La valeur du coefficient de Hurst permet de juger de l'existence plus ou moins importante de cycles. Un coefficient de Hurst supérieur à 0,5 signifie que la dépendance au temps est forte et donc que la tendance persiste d'une échelle de temps sur l'autre. À l'inverse, un coefficient de Hurst inférieur à 0,5 traduira une persistance négative de la tendance d'une échelle de temps sur l'autre. Ainsi, la valeur du coefficient de Hurst nous renseigne sur l'état d'un marché.

- Un coefficient de Hurst égal à 0,5 (H = 0,5) signifie que le comportement du marché est indépendant du temps. Il n'y a donc pas ou peu de cycles, et le caractère « *aléatoire* » des évènements est grand. On dit aussi que la tendance est « *anti-persistante* ».
- Un coefficient de Hurst supérieur à 0,5 (H > 0,5) signifie que le comportement du marché est dépendant du temps. On dit que la tendance est persistante. Si la valeur de H est très proche de 1, alors cet actif est très cyclique, et l'influence du temps sur le comportement du marché est quasi absolue.
- Un coefficient de Hurst inférieur à 0,5 (H < 0,5) signifie que le comportement du marché est dépendant du temps, mais que le temps a un effet réducteur et réduit l'amplitude des mouvements du marché à mesure que le coefficient est proche de 0. On dit que la tendance du marché est négativement persistante.

L'implication de ce phénomène n'est pas seulement de démontrer l'existence des cycles ainsi que l'importance de la temporalité des évènements. Ce raisonnement permet aussi et surtout de démontrer que le comportement des individus, des marchés et des sociétés est profondément lié au passé dans des proportions bien plus grandes que notre imaginaire nous laisse entrevoir. Le monde est gouverné par des phénomènes «*cycliques non réguliers*», selon l'expression dédiée de Benoît Mandelbrot. La conséquence est que nous ne pouvons pas considérer des évènements comme les guerres, les pandémies, les crises, la croissance, les catastrophes naturelles ou les crises démographiques comme des paramètres dénués de finalité temporelle.

L'idée la plus absurde sur les marchés serait celle de penser que la dynamique des évènements et leur moment d'apparition sont strictement indépendants de la réalisation des évènements. Réciproquement, cela signifie que le moment d'occurrence d'évènements passés détermine partiellement ou totalement la direction des évènements futurs. L'illusion de «*l'irrégularité*» des évènements à court terme est partiellement justifiée par le fait que l'importance des cycles à court terme est plus faible qu'à long terme.

Ainsi, le coefficient de Hurst fournit aussi une infirmation sur la volatilité du marché. La volatilité du marché est «*anormale*» lorsque la valeur de H diverge de 0,5, et donc qu'un modèle aléatoire n'est pas pertinent pour décrire le cours de l'actif. Les informations fournies par le coefficient de Hurst sont particulièrement utiles dans la prévision de la persistance des tendances, la gestion du risque, l'évaluation de la volatilité, etc.

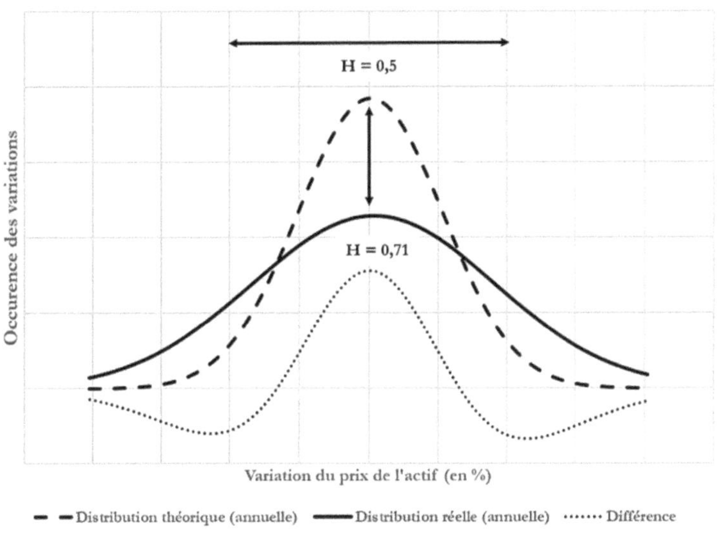

Pour visualiser la conséquence de la dépendance des évènements au temps, nous avons réalisé le graphique ci-dessus, qui se base sur notre exemple précédent. La courbe supérieure, en pointillés, représente la distribution théorique des variations annuelles de l'actif. Cette courbe est indépendante du temps (H = 0,5) et elle exprime aussi la présence de nombreux évènements « *normaux* » et de rares évènements « *extrêmes* ».

De la même manière, la courbe continue en noir correspond à la distribution réelle de notre actif (avec une volatilité annuelle de 35 %, c'est-à-dire H = 0,71). En conséquence, les évènements « *normaux* » sont moins nombreux et les évènements « *extrêmes* » sont plus fréquents que si le temps n'avait pas d'influence sur le comportement du marché. Plus le coefficient de Hurst est élevé, plus la dépendance au temps est forte, plus la distribution est plate, plus les évènements extrêmes sont fréquents, et plus l'économie et la société sont une suite de «*chocs*» plutôt qu'une suite continue de phases lisses de croissance et de déclin. Enfin, la courbe en pointillés en bas du graphique permet de mesurer la différence entre les deux courbes, c'est-à-dire la différence de distribution entre des évènements qui se produisent dans le cas où le marché serait indépendant du temps, et dans le cas où le marché serait dépendant du temps. En ce sens, le temps a généralement (et non systématiquement) deux conséquences majeures sur la plupart des marchés et des sociétés :

- Le temps amplifie les mouvements extrêmes. C'est ce que Nassim Nicholas Taleb désigne typiquement comme des «*cygnes noirs*», des évènements imprévus car les dynamiques du temps sont complexes et infinies. Le fait que l'expansion et l'effondrement des sociétés soient typiquement rapides et synchronisés avec certains évènements est une caractéristique de cette propriété. De même, nous pensons évident que la fréquence des épidémies est en général et proportionnellement plus élevée sur 1 000 ans que sur 10 ans. Un cycle s'observe toujours à sa mesure…
- Le temps rend plus rares les phénomènes «*normaux*». Dire de quelqu'un, ou de quelque chose, qu'il est «*normal*» est pertinent à court terme, et rarement juste à long terme. Il en est de même pour les marchés ou pour l'économie. Une évolution à la fois minime mais régulière d'un marché ou d'une société est de plus en plus rare à mesure qu'on prend une échelle de long terme. Les comportements sont généralement extrêmes à long terme.

- Cependant, le temps peut avoir une influence inverse sur les marchés et les sociétés (notamment si le coefficient de Hurst est inférieur à 0,5, ce qui est rare à long terme). Dans ce cas, les évènements «*normaux*» sont surreprésentés, et les évènements «*exceptionnels*», plus rares. Le temps est donc source de stabilité relative, et souvent de stagnation des marchés et sociétés. Dans le cas humain, cela reviendrait à dire que les civilisations ne s'effondreraient presque jamais.

Nous devons garder à l'esprit que les fractales expliquent précisément l'importance du temps sur les marchés et sur les sociétés. La plupart des gens ne réalisent pas la puissante intellectuelle du concept et de ses implications dans la vie quotidienne. Ce chapitre a tenté jusqu'ici de montrer une explication théorique. De surcroît, il est intéressant de remarquer le comportement réel des variables humaines face aux fractales. Pour ce faire, nous avons sélectionné l'exemple du Dow Jones entre 2018 et 2023 grâce à notre système d'analyse automatique.

Le cas du Dow Jones est un très bon cas de l'étude fractale. Nous avons donc représenté le cours du Dow Jones (graphique du haut) et la valeur du coefficient de Hurst (graphique du bas). Nous remarquons d'abord que les points bas majeurs du marché (à savoir mars 2020 et octobre 2022) sont parfaitement cadrés avec une valeur du coefficient de Hurst proche de 0,2. De même, les points bas mineurs (décembre 2018, ou juin 2020) sont souvent associés à une valeur du coefficient proche de 0,5.

Dans le cas inverse, une valeur du coefficient de Hurst élevée (supérieure à 0,7) traduit une grande persistance de la tendance. Une valeur du coefficient de Hurst proche de 0,7 n'est donc pas de nature à fournir un signal baissier. Ce n'est qu'en présence d'une divergence, ou surtout d'une diminution durable du coefficient sous 0,7, que l'on peut entrevoir un signal baissier. Il en fut ainsi en septembre 2018 (divergence), en janvier 2020 (signal assez faible de divergence), ou en janvier 2022 (cassure du canal ascendant du coefficient engendré depuis 2020 et échec à revenir sur 0,7).

Cet exemple propre au Dow Jones sur la période de temps énoncée est suffisamment explicite pour comprendre la grande efficacité de cette méthode d'analyse. Nous devons malgré tout préciser que chaque actif présente une réaction singulière et toujours assez cohérente au coefficient de Hurst. Ainsi, le coefficient de Hurst sur le cours de l'Or évolue au-dessus de 0,5 à long terme, mais il présente souvent un comportement inversé à celui du Dow Jones. Mais il est partout notable que les mêmes seuils agissent sur le coefficient de Hurst, et qu'une période de temps plus longue accroît souvent la valeur du coefficient. De la sorte, ce chapitre a montré comment les cycles se manifestent mathématiquement. L'existence des cycles est non seulement avérée par l'observation empirique, mais encore par l'étude mathématique. Le recours à l'étude des données montre tant catégoriquement que formellement le lien entre les cycles et le comportement de nos économies à long terme.

Ce phénomène de dépendance au temps qui est caractéristique des fractales est décrit par Benoît Mandelbrot comme l'effet Joseph. D'après la genèse, l'esclave Joseph a interprété le rêve du Pharaon en Égypte qui a entrevu sept vaches grasses chassées et sept vaches maigres. Les années de prospérité et de misère que ce rêve annonçait étaient relatives aux crues du Nil qui déterminent la production agricole du pays. C'est dans ce cadre que Harold Edwin Hurst (1880-1978) intervient au XXe siècle en mesurant, via le coefficient de Hurst, la persistance des crues du Nil. Il est connu pour ses recherches sur le Nil et pour ses contributions à la compréhension des propriétés statistiques de séries temporelles, en particulier la notion de «*long-range dependence*», que nous formalisons souvent comme la mémoire longue en français. En effet, il a remarqué que des évènements rares et extrêmes dans le débit du Nil semblaient se produire plus fréquemment que ce que les modèles classiques prévoyaient.

L'effet Joseph est donc avant tout ce qui permet d'expliquer une prophétie du Pharaon, a priori incompréhensible, en une dynamique profondément temporelle et quantifiable. L'effet Joseph, c'est la « *mémoire longue* » des phénomènes qui nous entourent et qui possèdent un comportement persistant. Avec la mémoire longue, les données dépendent non seulement de leur passé récent, mais aussi de leur passé lointain. Cela signifie que les valeurs d'une série temporelle ne se dissipent pas rapidement, mais plutôt qu'elles conservent une mémoire à long terme. Mais l'existence de phénomènes souvent plus extrêmes à long terme n'implique pas l'absence de comportement moyen. En effet, le Nil, comme la Bourse, est toujours rempli, et son comportement, bien que dépendant du temps et formant souvent des comportements extrêmes, n'en demeure pas moins orienté autour d'une trajectoire fondamentale.

Ainsi, l'effet Joseph se réfère à l'idée que les prix des actifs financiers peuvent connaître des périodes d'extrême volatilité alternant avec des périodes de stabilité apparente. Un peu comme le débit du Nil variant fortement, mais selon des schémas de dépendance à long terme. Cela revient à mettre en évidence le caractère fractal des mouvements de prix dans les marchés financiers, c'est-à-dire que les schémas de volatilité peuvent se répéter à différentes échelles de temps. Une fois de plus, cette idée remet nécessairement en question l'hypothèse de la marche aléatoire et de la distribution normale dans les modèles financiers traditionnels.

De tout cela, nous devons considérer ce qui relève du domaine atemporel de ce qui relève, ou non, de la dépendance au domaine temporel. Le temps est ce malin génie qui ouvre les portes du génie humain lui-même.

CHAPITRE 5

L'effet Joseph

«Sept années de grande abondance arrivent dans tout le pays d'Égypte, mais sept années de famine les suivront. Alors toute l'abondance en Égypte sera oubliée, et la famine ravagera le pays. [...] Ils doivent rassembler toute la nourriture de ces bonnes années qui viennent et stocker le grain sous l'autorité de Pharaon, pour être gardé dans les villes pour la nourriture. Cette nourriture devrait être gardée en réserve pour le pays, pour être utilisée pendant les sept années de famine qui s'abattront sur l'Égypte, afin que le pays ne soit pas ruiné par la famine. »

— Joseph dans la Genèse, chapitre 41

Ce passage de la Bible, et plus particulièrement de l'Ancien Testament, a fait couler beaucoup d'encre et a inspiré les théories scientifiques les plus récentes. Nous retrouvons des références à Joseph dans le livre de Clément Juglar, puis de William Gann[51], mais encore plus récemment dans celui de Benoît Mandelbrot et bien d'autres. L'effet Joseph est même devenu un phénomène scientifique. L'effet Joseph est un phénomène décrit mathématiquement par Benoît Mandelbrot dans sa citation sur le fait qu'une tendance s'inscrit toujours dans un cycle plus long. Il s'agit véritablement, pour citer encore la Bible et plus particulièrement Ezéchiel, d'une

---

[51] Citons à ce sujet un passage stupéfiant du livre de William Gann de 1927, qui écrit dans un passage intitulé «Un regard du passé depuis 1940», *«je crois qu'Ézéchiel clairement prédit la guerre à venir qui se déroulera dans les airs, et que les États-Unis seront en grand danger, mais ils vont enfin l'emporter»... The Tunnel Thru the Air* (1927), page 73.

«*roue dans une roue*». Ce que la science appelle désormais «l'effet Joseph», c'est la nature profondément harmonique des cycles, c'est-à-dire la capacité des cycles à s'établir sur des échelles de temps différentes. Cet effet se mesure par le coefficient de Hurst sur lequel nous sommes déjà revenus.

Par conséquent, il est difficile pour beaucoup de personnes de concevoir pourquoi les tendances, qui sont une manifestation des cycles, et les cycles une manifestation de cycles plus grands, se succèdent toujours. Nous tenterons ici de donner une intuition au phénomène statistique qui se cache dans ce processus. Dans le chapitre précédent, nous avons d'abord énoncé la démonstration de l'existence des cycles sur les marchés. Les cycles sont proprement une déformation du temps linéaire. Mais observer et démontrer l'existence de ces déformations ne permet pas d'expliquer pourquoi les tendances se succèdent toujours.

Un simple raisonnement par l'absurde permet de commencer notre propos. Si les variations des marchés étaient purement aléatoires et réparties d'après une moyenne et un certain écart, les mouvements observés à long terme seraient tout à fait indépendants des mouvements observés à court terme. Par suite, les tendances au sens propre n'existeraient pas, puisque ces dernières seraient la résultante d'un échantillon important de variations autour d'une moyenne (haussière ou baissière) qui serait fixée. Mais cela ne correspond pas véritablement à la réalité. Nous devons toujours garder à l'esprit que l'aléatoire est un modèle descriptif de la réalité, il n'est donc pas la réalité (la même assertion peut par ailleurs être faite des courbes sinusoïdales).

De surcroît, l'autre problème soulevé par l'aléatoire pur est l'existence, en économie et en finance en tout cas, de variations extrêmes et «*anormales*» qui dévient complètement de la loi statistique modélisée. Mais ces observations ont déjà été menées par le mathématicien Benoît Mandelbrot, et ce dernier plaide plutôt pour l'existence d'un modèle à la fois aléatoire et cyclique. Pour nous rendre compte de la complexité du débat, deux graphiques avec des cours de bourse fictifs ont été modélisés… Le premier graphique est tiré d'une loi normale selon un jeu aléatoire. D'autre part, le second graphique est donné par la combinaison de 20 cycles selon des paramètres fixés arbitrairement.

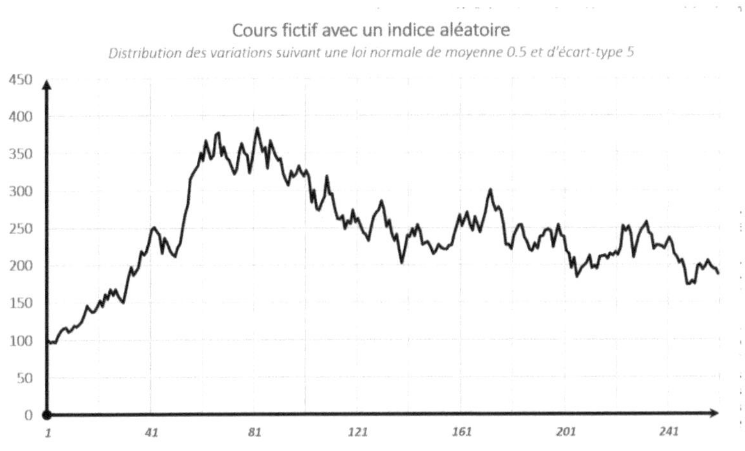

Cours fictif avec un indice aléatoire
Distribution des variations suivant une loi normale de moyenne 0.5 et d'écart-type 5

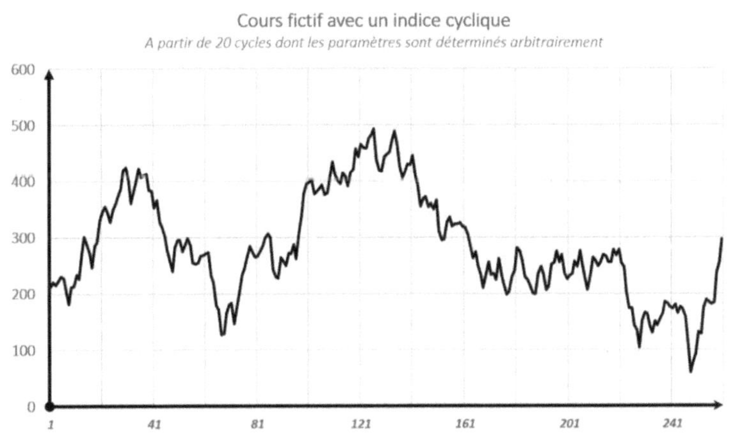

Cours fictif avec un indice cyclique
A partir de 20 cycles dont les paramètres sont déterminés arbitrairement

Un œil novice ne verrait presque aucune différence entre les deux graphiques, pourtant les modèles de construction sont radicalement différents. Cependant, un œil aguerri de la Bourse verrait rapidement que le premier graphique présente un certain nombre d'anomalies. En effet, il ne semble pas y avoir de supports et de résistances valables, ni de figures techniques particulières que nous aurions pu observer traditionnellement. Par ailleurs, une caractéristique visuelle majeure de l'aléatoire est l'impossibilité pour l'observateur de distinguer une différence dans l'amplitude des variations selon que la tendance est haussière ou baissière, plus ou moins forte, etc. Dans l'aléatoire normal, les krachs n'existent pas car ils sont trop violents pour être aussi récurrents que dans la réalité.

À l'inverse, le modèle théorique des cycles semble déjà plus proche de la réalité. La mémoire longue des cours paraît être mieux intégrée à travers des supports et des résistances notables, des figures techniques comme le double sommet ou double creux, le rounding top, le V bottom, le tête-épaule-tête, etc. En outre, les variations semblent répondre à une logique d'accélération lors des mouvements tendanciels, et une logique de temporisation lors des mouvements sans conviction. Nous discuterons plus tard du principe des interférences dans le modèle cyclique. Ce qui nous paraît plus proche de la réalité. Bien sûr, tous les actifs financiers n'ont pas le même comportement. Mais il est clair dans cet exemple qu'un certain nombre de caractéristiques habituelles des marchés font défaut au modèle habituel des variations aléatoires. Un modèle cyclique suffisamment complexe permet de décrire assez précisément les cours de bourse, les indices économiques, etc.

Par conséquent, si les cycles sont effectivement un modèle valable pour décrire l'évolution des variables humaines, alors les tendances ont une existence propre. L'existence des tendances suppose donc qu'elles se succèdent nécessairement les unes aux autres tout au long du cycle. La réponse à la question de savoir pourquoi toute dynamique s'épuise d'elle-même est à trouver du côté de l'observation empirique. À cet égard, un indicateur approprié a été mis au point. Nous sommes partis de l'hypothèse qu'une tendance intègre le facteur intensité (l'ampleur des variations) et le facteur temps (la récurrence des variations). Par conséquent, la mesure la plus appropriée de la force d'une tendance est de recourir au cumul des variations d'un actif. C'est-à-dire qu'on fait la somme des variations observées sur le marché.

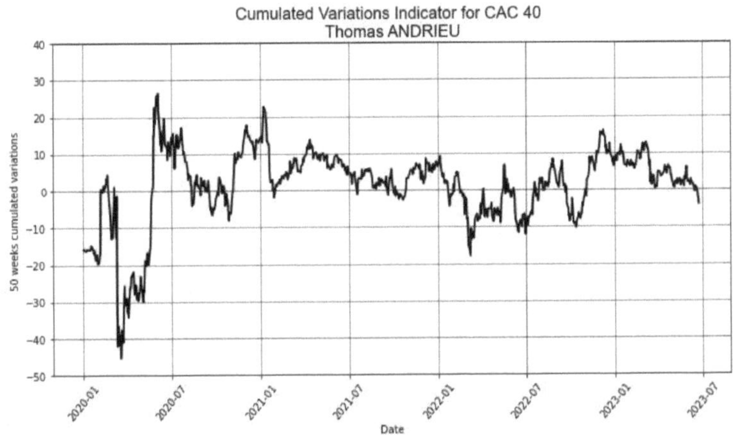

Le graphique ci-dessus montre les variations cumulées du CAC 40, calculées par notre programme sur la période allant de janvier 2020 à juin 2023. Ce qui frappe est l'observation d'une règle commune à tous les marchés sans distinction : l'indicateur est systématiquement canalisé, le plus souvent entre -20 et 20 selon la volatilité, alors que rien ne le prédispose à cela. Un passage de l'indicateur au-dessus de la ligne du zéro signifie que l'ensemble des variations haussières prennent le dessus sur l'ensemble des variations baissières. C'est donc un signal positif. De même, une diminution de l'indicateur alors que la tendance est haussière traduira un épuisement de la force haussière sur le marché.

Ainsi, il existe des supports et des résistances cachés sur le marché et qui sont contenus dans l'occurrence des variations du marché. C'est-à-dire qu'il existe des plafonds puissants qui empêchent les variations de cours d'être trop amples et trop récurrentes. Cette observation est centrale, car si des limites intrinsèques existent dans l'évolution des variables humaines, alors il est clair que cela se manifeste et résulte par des cycles. C'est une démonstration supplémentaire à l'existence des cycles par la voie empirique. En effet, cet indicateur démontre que les cycles agissent de telle sorte qu'un mouvement ample est compensé par moins de récurrence, et inversement, un mouvement récurrent est compensé par un mouvement moins ample. C'est-à-dire que la vitesse d'évolution du marché alterne entre un rythme plus ou moins ample, ou bien plus ou moins récurrent. C'est cette alternance permanente dans la vitesse du marché qui explique l'alternance des tendances ainsi formées, et qui se traduit finalement par la constitution de cycles. Les cycles apparaissent alors de telle sorte que les variations haussières et baissières s'annulent autour d'un point stabilisant. Il s'agit en quelque sorte du « *centre* » du cycle qui est parfois convoité. Pour mieux visualiser, le graphique ci-après compare ainsi le CAC 40 dans le graphique du bas avec l'indicateur déjà montré.

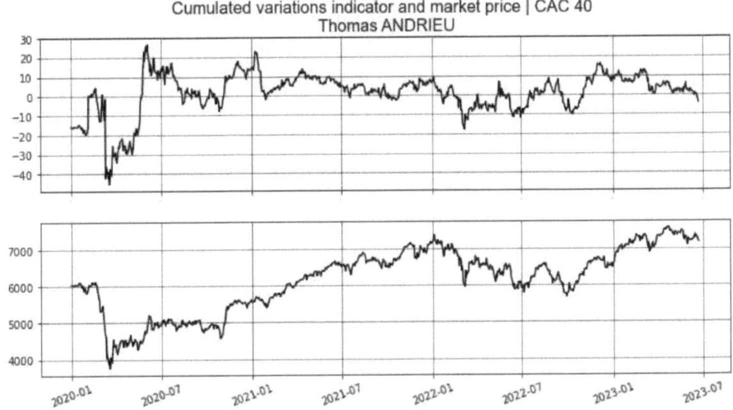

C'est précisément la dualité et l'alternance des tendances qui donnent naissance aux cycles. Il nous paraît donc évident qu'une tendance haussière est nécessairement suivie d'une tendance baissière, et que ces dernières alternent suffisamment pour affirmer qu'il existe bien un ordre temporel qui dépasse les tendances elles-mêmes. Le cycle qui résulte de l'alternance des tendances est lui-même inséré dans un cycle plus grand, telle « *une roue dans une roue* », ce qui permet au mouvement global d'être plus complexe et plus précis.

L'observation intrinsèque est donc qu'il existe bien cette « *limite invisible* » à l'expansion totale ou à l'effondrement total des marchés. Nous entendons par total l'expansion à la fois temporelle et spatiale, c'est-à-dire l'expansion combinée de la tendance dans le temps et dans les prix. Cette limite implique la présence d'une certaine régularité sur les marchés. Il est donc intéressant de noter qu'il y a une relation permanente entre la temporalité du marché et son amplitude.

De là naît une propriété plus grande de notre démonstration : les supports et les résistances sur les prix sont l'annihilation de l'amplitude et la pleine manifestation de la temporalité. La temporalité doit ici s'entendre comme l'alternance des tendances sur le marché, c'est-à-dire le moment d'occurrence des points bas et des points hauts. De manière symétrique, la temporalité est réduite à néant lorsque la force de l'évolution du marché atteint sa valeur maximale. Par conséquent, la temporalité du marché n'existe que par l'alternance dans l'amplitude et la récurrence de la tendance sur les prix. Ce qui nous semble être une définition juste et cohérente.

La conclusion de cette remarque est d'observer que les tendances sur les prix ne sont pas les seules tendances. Il existe une tendance temporelle. Elle est plus ou moins manifeste selon que les mouvements du marché sont plus ou moins récurrents et amples. Un mouvement haussier ample et récurrent, comme nous l'avons dit, ne peut être perpétuellement récurrent d'après la « *limite statistique* ». Par conséquent, une hausse des prix très ample et très récurrente annonce bientôt une anti-récurrence, c'est-à-dire l'arrêt de la hausse, et l'expression de la temporalité du marché. Par suite, le retournement de la tendance à la baisse est donc l'expression de la temporalité du marché. Mais comme le caractère ponctuel du retournement (l'arrêt de la hausse) de tendance provoque bientôt une faible amplitude dans l'évolution des prix, la situation s'inverse totalement. En effet, le marché se met à compenser le mouvement haussier en enclenchant des variations récurrentes dans le sens de la baisse, ce qui donne bientôt lieu à des variations très récurrentes puis très amples à la baisse. Une fois la « *limite statistique* » atteinte, une nouvelle anti-récurrence se produit (l'arrêt de la baisse), ce qui implique un retournement ponctuel du marché à la hausse et ainsi de suite... Le processus se répète encore et encore, et chaque « *anti-récurrence* » est une manifestation de la temporalité du marché.

Il est donc évident qu'un mouvement parfaitement ample et parfaitement récurrent est un mouvement linéaire, et donc non cyclique. Nous proposons donc une définition tout à fait nouvelle d'un cycle : un cycle résulte d'une disproportion entre la récurrence et l'amplitude du mouvement. Ce qui est en soi cohérent avec la visualisation graphique du phénomène en deux dimensions.

Ce chapitre est nécessairement à mettre en relation avec les travaux de William Gann. La grande contribution de William Gann dans l'analyse des marchés financiers fut de mesurer la pente de la tendance. Un marché haussier typique est ainsi caractérisé par une pente à 45 degrés. Une forte tendance haussière suit par exemple une pente de plus de 60 degrés, et le franchissement à la baisse de cette pente fournit souvent un signal négatif. De même, le franchissement d'une ligne de tendance faiblement pentue, à 30 degrés ou moins, fournit souvent un signal positif. Dans la symbolique implicite, il est important de noter que 45 degrés correspondent au huitième d'un cercle complet. Une progression des cours à 45 degrés traduit le fait qu'une unité de temps est nécessaire pour une hausse d'une unité en prix.

Par exemple, l'étude du Dow Jones en échelle logarithme depuis 1915 montre une pente proche de 11,3 degrés. Ce chiffre correspond exactement à une proportion de William Gann, c'est-à-dire le huitième de 90 degrés ou le quart de 45 degrés. Il s'agit d'une pente plutôt faible, mais la présence d'une échelle logarithme cache un effet exponentiel considérable. La performance moyenne mensuelle du Dow Jones sur la période 1915-2019 est de +0,64 %. Cela correspond à une performance annuelle moyenne de +8 %.

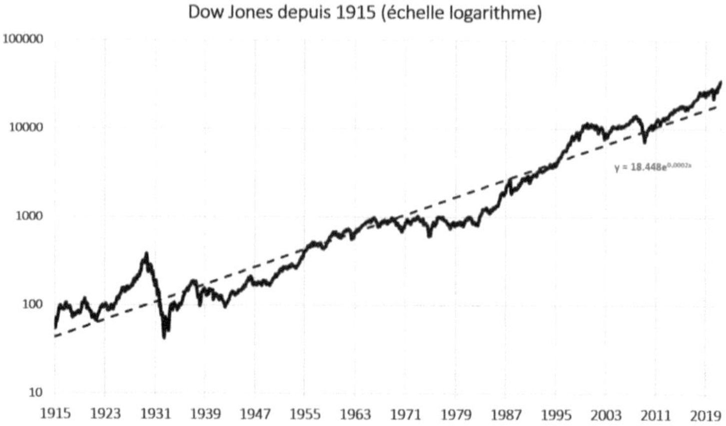

La présence d'une courbe exponentielle descriptive du comportement du Dow Jones à long terme montre en soi le caractère déterminé du Dow Jones. Comme le dirait Émile Durkheim, il pourrait s'agir d'un fait social du simple fait de la régularité statistique et de la faible présence de dynamiques aléatoires à long terme.

Par ailleurs, il est intéressant de noter la présence de cycles autour de cette tendance. De 1930 jusqu'à la fin des années 1940, l'écart entre la tendance historique du Dow Jones et le cours effectif était important. Cet écart s'est réduit jusqu'à rattraper la ligne de tendance historique autour de 1970. Un écart important s'est ensuite creusé jusqu'en 1982, et le dépassement de la ligne de tendance n'a été validé qu'à la fin des années 1990. Il est manifeste pour nous que nous avons affaire à des cycles de Kondratiev. Les sommets et les plus bas concordent avec les analyses présentées dans divers autres travaux.

De même, l'étude du Dow Jones sur la période 2011-2021 montre une pente de 10,7 degrés. Les pentes majeures sont 11,25 degrés (1/8 de 90 degrés ou 2/8 de 45 degrés), puis 16,8 degrés (3/8 de 45 degrés), et 5,6 degrés à la baisse (1/8 de 45 degrés), etc. Des pentes très divergentes de la moyenne de long terme seront de nature à traduire des dynamiques de court terme ou de moyen terme.

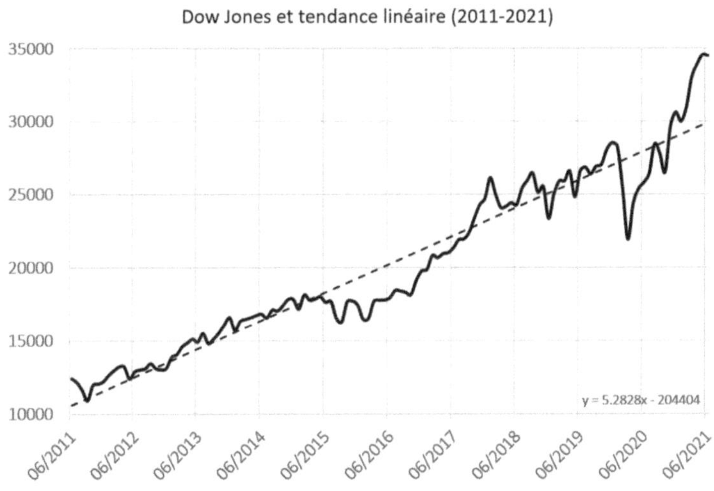

Dans tous les cas, cette approche unique permet de garder à l'esprit le caractère raisonnable et constant du marché. La décomposition en de nouvelles pentes permettrait de mener une analyse complète. Le tableau suivant résume la progression correspondante des cours selon l'angle de la tendance, ainsi que la longueur de la tendance. Il nous paraît explicite qu'un angle de tendance plus grand implique une longueur de la tendance totale d'autant plus grande que l'énergie du marché nécessaire à son accomplissement est grande. L'étude des angles des tendances est souvent négligée de nos jours. La longueur de la tendance est proprement la combinaison du facteur temps et du facteur prix. Ce tableau devrait servir de référence pour le lecteur qui saura l'appliquer. En outre, nous pouvons déduire de ce tableau les dimensions fractales, ainsi que, dans une certaine mesure, l'évolution du coefficient de Hurst. Il s'ensuit que le coefficient de Hurst peut parfois augmenter avec la dimension de son schéma fractal, ainsi que la faiblesse de la pente de sa tendance. Mais cela saurait être discuté ailleurs.

Angle de la tendance	Progression pour 1 unité	Longueur de la tendance
11.25°	0.1989	1.0195
22.5°	0.4142	1.0823
33.75°	0.6681	1.2026
45°	1	1.4142
56.25°	1.4966	1.7999
67.5°	2.4142	2.6131
78.75°	5.0273	5.1258

Ce que montre avant tout cette approche, c'est qu'il existe une dimension temps et une dimension spatiale, ou niveau de prix. Ainsi, tout objectif de prix ne peut être dénué d'objectif temporel. Si nous disposons d'un objectif de prix de 2 unités au-delà du niveau actuel, et que la progression est de 1 pour 2 unités de temps (22,5 degrés), alors il faudra attendre en moyenne encore 4 unités de temps. L'infirmation temporelle du signal implique l'infirmation de l'objectif de prix. La vitesse avec laquelle le marché progresse à long terme est donc une information en soi, peut-être la plus stratégique de toutes, et nous ne pouvons pas ignorer les conséquences en termes de projection que cela implique. Le fait que le marché progresse à long terme selon des proportions théoriques et mathématiques définies devrait être connu de tous. Cela renforce une fois de plus l'idée de l'effet Joseph, car on montre que plus l'échelle de temps est longue, plus on se rapproche d'une constante, et nécessairement d'un rythme régulier du marché. Ceci amène une interrogation plus grande et plus élévatrice, selon laquelle les cycles ne peuvent pas exister sans l'aléatoire. Car là où l'aléatoire entraînerait l'inconstance du marché, un cycle se mettrait systématiquement en place pour combler ce déséquilibre, jusqu'à ce que le processus se répète encore et encore. Le marché, dans son évolution même, est un jeu éternel entre l'aléatoire et les cycles, entre l'inconstance et l'ajustement tendanciel, de sorte que la constance soit le seul principe générateur des deux. Mais ceci est encore une autre question.

Ce chapitre a donc montré la raison intrinsèque pour laquelle les cycles se manifestent. De plus, il est intéressant de noter que le modèle aléatoire des marchés présente certaines régularités complexes. À l'inverse, le modèle cyclique montre une flexibilité bien plus grande et la distribution des variations observées tient plus souvent compte des variations «*anormales*». Par conséquent, la description du mouvement des marchés selon des cycles correspond globalement mieux à la réalité. Mais nous avons ici affaire à deux modèles très différents dans leur construction. En outre, les notions de volatilité ou de moyenne dans le modèle aléatoire ne sont pas les mêmes que dans le modèle cyclique. Nous serons d'avis à affirmer que la notion d'aléatoire est une notion dénuée de signification intrinsèque, contrairement aux cycles qui contiennent en eux-mêmes une réalité statistique, technique ou psychologique, intrinsèque au marché. Malgré tout, l'aléatoire et les cycles entretiennent des relations ambigües. Notre dernière remarque sera de préciser que le rôle de l'aléatoire à court terme est plus important qu'à long terme. Ainsi, l'évolution à long terme des indices est principalement cyclique. Cette observation résulte de la mesure de l'effet Joseph décrit au début du chapitre.

CHAPITRE 6

Sur l'esprit des marchés

« Nous croyons en effet, pour notre part, que pour avancer vraiment dans la connaissance économique, il faut s'attaquer directement et d'abord à des variations, c'est-à-dire à la forme dynamique des phénomènes, par la voie expérimentale[52]. »

– François Simiand, économiste (1873-1935)

Nous utilisons pour ce chapitre le titre « *esprit* » en connaissance de cause[53]. L'esprit est indivisible et invisible et il ne constitue pas quelque chose de concret de nos jours. Pourtant, selon la sensibilité du lecteur à cette question, l'esprit peut agir sur la matière. De la même manière, le temps est quelque chose d'insaisissable et qui échappe aux matérialistes. Pourtant, nous avons montré que le temps déterminait parfois entièrement l'existence des variations sur les marchés économiques et financiers. Il est souvent difficile de concevoir pourquoi quelque chose de matériellement insaisissable (qu'il s'agisse du temps ou de l'esprit ou de tout autre « *concept* ») peut agir et parfois déterminer l'existence de la matière. Ce n'est évidemment pas la ques-

---

[52] Citation de l'économiste français François Simiand introduite dans le livre *Economic Cycles: Their Law and Cause* (1914), de Henry Ludwell Moore.

[53] Rappelons qu'en hébreu, l'esprit est désigné par *ruach* (*pneuma* en grec), et caractérise « le souffle », « le vent ». Il y a un parallèle entre l'idée de l'esprit et l'idée du mouvement qui génère l'existence. Mais cela serait dévier de notre propos, nous avons déjà discuté de la proximité des cycles avec ce qui est transcendant.

tion métaphysique qui nous intéressera dans ce chapitre, mais plutôt de chercher à comprendre pourquoi les cycles expliquent effectivement les tendances sur les marchés. Nous allons seulement introduire dans cette partie les propriétés relatives aux cycles. Ce chapitre pourra paraître chargé en informations pour le lecteur, et pour celui qui ne consulte pas les marchés financiers régulièrement, il peut paraître insuffisamment détaillé. Les références sont évidemment conseillées.

En effet, nous devons souligner que les applications les plus intéressantes de l'analyse des cycles ont été faites en finance, et plus particulièrement en analyse technique[54]. À l'origine, avec l'émergence du communisme et du keynésianisme au début du XXe siècle, les travaux des économistes sur la question des cycles ont rapidement été mis de côté, car ils constituaient une sorte d'analyse empirique dont on ne pouvait tirer aucune sorte de satisfaction politique. À ce titre, on remarquera que la quasi-totalité des auteurs qui ont étudié la question des cycles humains réfute catégoriquement l'explication que les cycles sont la conséquence des guerres, des révolutions, des décisions politiques... Ils en sont plutôt la cause, ou du moins la composante. C'est aussi la raison pour laquelle nous devons émettre un grand scepticisme envers les termes de politiques économiques «*contracycliques*» ou «*procycliques*», qui ne sont qu'une sorte d'anachronisme grossier. Ainsi, des branches entières de l'économie ont refusé, et refusent encore inconsciemment, d'étudier les dynamiques inhérentes aux marchés. Mais dans la finance, qui a été la première à appliquer les cycles, le savoir a été per-

---

[54] Voir ma conférence de septembre 2022 précisément intitulée «*L'esprit des marchés*», auprès de l'Association Française des Analystes Techniques (AFATE).

duré tant bien que mal. Et ce n'est pas par hasard que les fractales ont été découvertes à partir de données financières. De nombreux auteurs ont ainsi développé une approche très concrète des cycles comme William Gann, JM Hurst, ou en partie Ralph Nelson Eliott.

Par ailleurs, un élément essentiel de notre propos a été de montrer mathématiquement que les dynamiques aléatoires étaient le plus souvent concentrées à court terme. De fait, les dynamiques de prix à long terme montrent des processus qui n'appartiennent pas à une évolution aléatoire. Ce paradoxe a été progressivement admis mais il a surtout semé la confusion dans l'esprit du public. Par conséquent, on se tiendra au postulat de base de l'analyse technique telle que décrite par Thierry Béchu, Éric Bertrand et Julien Nebenzahl[55]. En effet, tout prix du marché (M) peut se décomposer en une dynamique réelle plutôt non aléatoire (X) et un bruit de marché plutôt aléatoire (B). C'est comme si le prix du marché suivait une tendance majeure déterminée autour de laquelle le prix fluctue de manière erratique, frénétique et indéterminée.

$$M \text{ (marché)} = X \text{ (valeur réelle)} + B \text{ (bruit)}$$

Dans ce cadre, la finance est un support tout à fait prodigieux de données et de séries de variations, qui montrent toutes, unanimement, des similitudes plus ou moins marquées. C'est pourquoi il est important de recourir à des domaines comme ceux de l'analyse technique qui ont l'avantage d'être un système cohérent et qui affirme que les mouvements aléatoires n'expliquent pas la structure des mouvements des prix sur les marchés. En ce sens, l'étude de la cyclicité des marchés est une branche entière de l'analyse technique. Le principal

---

[55] *L'analyse technique* (2014), 7e édition, Economica. Par Thierry Béchu, Éric Bertrand, et Julien Nebenzahl.

théoricien des cycles financiers est un ingénieur spécialisé dans les communications du nom de JM Hurst. Dans son ouvrage principal publié en 1970, *The Profit Magic Of Stock Transaction Timing*, il décrit les 5 principes fondamentaux des cycles de marché. Ces 5 principes fondamentaux sont absolument déterminants, car on peut généralement s'accorder sur leur validité dans des domaines bien différents de l'économie ou de la finance.

- Le premier principe des cycles en analyse technique est le principe d'additivité. Un cycle peut être ajouté à un autre cycle, de sorte à former un nouveau cycle plus complexe, et souvent plus réaliste.
- Le deuxième principe est le principe d'universalité. C'est-à-dire que nous admettons que n'importe quelle variable peut se représenter comme la somme de plusieurs cycles.
- Le troisième principe est le principe de variabilité. Un cycle ne se répète jamais exactement, et la durée des cycles peut varier d'une époque à l'autre. À ce titre, JM Hurst écrit que «*chaque composant cyclique varie par rapport à l'idéal en ce sens que l'amplitude varie lentement avec le temps qui passe. À mesure que l'amplitude augmente, la durée augmente également. À mesure que l'amplitude diminue, la durée diminue également*».
- Le quatrième principe est le principe nominal. Ce principe est plus subtil car il consiste à établir des cycles «*types*» que l'on retrouverait d'un actif à l'autre. JM Hurst identifie des cycles de 18 ans, 9 ans, 4,5 ans, etc.
- Le cinquième et dernier principe est celui de proportionnalité. JM Hurst nous rappelle ainsi que «*plus la*

durée d'une composante cyclique est longue, plus son amplitude est grande ». De fait, un cycle de 10 ans serait idéalement 2 fois plus ample qu'un cycle de 5 ans. Mais le facteur de proportionnalité diffère d'un actif à l'autre. Ce principe est aussi proche de la résonance orbitale en astronomie.

Il est important pour nous d'avoir à l'esprit ces principes fondamentaux. En accord avec le titre de ce chapitre, il a été fait le choix de présenter une série de propriétés des cycles qui seront utiles à qui sait se les approprier. Ce sont des propriétés fascinantes, pour certaines encore jamais dévoilées dans le domaine financier. Nous attacherons donc de l'importance au fait de ne pas trop développer ces propriétés de par la finalité du livre, et nous donnerons au lecteur un simple aperçu.

La première propriété en question, la plus élémentaire et la plus diffusée dans l'analyse des cycles, c'est la décomposition du mouvement des cours. Nous avons représenté deux cycles non synchronisés en pointillés, dont un cycle long, et un cycle d'une durée plus courte. Nous avons ensuite fait la somme de ces deux cycles pour obtenir la courbe foncée. Il apparaît clairement que deux cycles réguliers et déterminés suffisent à créer des tendances apparemment irrégulières et plutôt indéterminées.

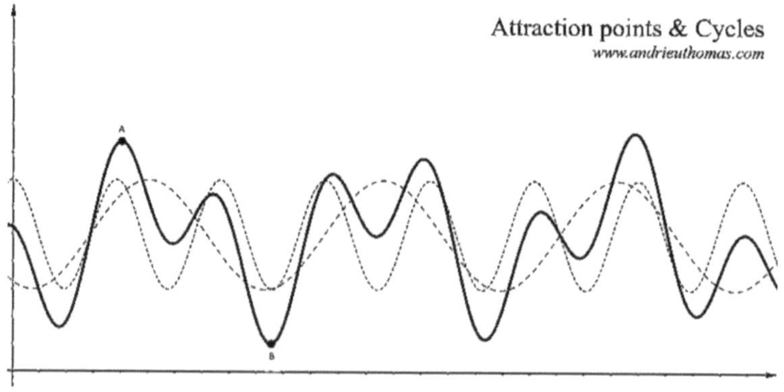

L'addition d'une multitude de cycles permet ainsi de se rapprocher du comportement réel du cours d'un actif. Chaque cycle est défini par une multitude de paramètres, à savoir : sa période (la durée entre les deux plus bas), son amplitude (sa hauteur), et sa temporalité ou sa phase (le moment où le cycle atteint son maximum, par exemple). La combinaison de tous ces paramètres conduit donc nécessairement à une approche suffisamment réaliste du marché, comme nous l'avons montré avec le cours fictif basé sur 20 cycles dans le chapitre précédent.

Une autre propriété tout à fait inconnue réside dans la géométrie même du principe d'additivité des cycles. Il s'agit, dans le domaine de la physique, des interférences cycliques. En effet, les interférences sont tirées du domaine des ondes. En physique, l'expérience des fentes de Young fut une des premières observations à mettre en relief ce phénomène. Malgré tout, le principe des interférences est relativement simple à saisir. En ajoutant deux cycles, selon qu'ils sont synchronisés ou non, alors l'addition des deux cycles aura pour effet d'accentuer la tendance (synchronisation), ou de neutraliser la tendance (non-synchronisation). Nous distinguons alors les interférences constructives (qui amplifient les tendances) des interférences destructives (qui neutralisent les tendances). Une interférence constructive désigne la synchronisation simultanée de plusieurs cycles autour de sommets ou de creux. Le graphique ci-après montre deux cycles synchronisés en pointillés. L'addition de ces deux cycles implique la formation d'un nouveau cycle dont les sommets et les creux sont plus amples.

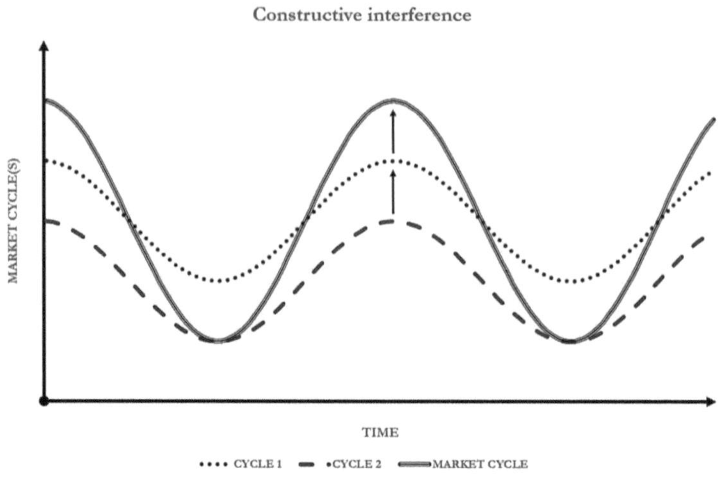

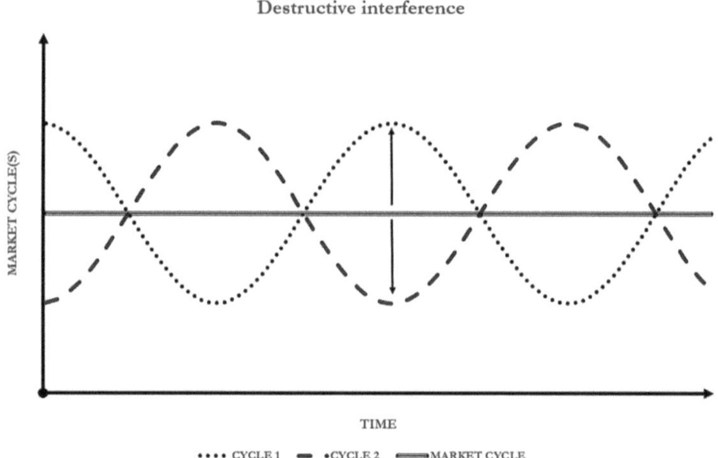

De même, dans le cas d'une interférence destructive parfaite, les deux cycles se neutralisent et forment une tendance neutre. Les interférences sont d'une précision remarquable sur les marchés. Par définition, les interférences destructives traduisent une situation de marché canalisée. À l'inverse, les interférences constructives traduisent un comportement du marché exacerbé. L'existence de deux cycles de périodes différentes a pour conséquence que ces cycles alternent entre des périodes d'interférences constructives, et des périodes d'interférences destructives. L'avantage des interférences réside dans leur parfaite anticipation, et souvent dans leur grande fiabilité.

En août 2022[56], nous avons réalisé une étude spéciale des interférences sur le cours de la cryptomonnaie ethereum pour expliquer un cas typique d'interférences. Nous avons d'abord identifié deux cycles : le premier d'une durée de 4 mois, et le deuxième d'une durée de 22 mois. Les deux cycles furent synchronisés pour la dernière fois sur un sommet majeur en octobre 2021. Comme les deux cycles ont des périodes différentes qui ne sont pas des multiples, alors ils ne se synchronisent pas tous les 22 mois. Nous utilisons la méthode mathématique du Plus Petit Commun Multiple (PPCM). En réalisant le PPCM (4 ; 22), on obtient 44 mois (3,6 ans), ce qui corrèle fortement avec la cyclicité des actions et du Bitcoin, comme nous l'avons montré (cycles de Kitchin). Dès lors, nous savons que ces deux cycles forment une interférence constructive tous les 44 mois. Dans le détail du calcul, nous décomposons en nombres premiers la période de chaque cycle. Puis nous retenons le plus petit multiple commun (ici, 2 étant déjà utilisé, nous retenons 11).

- $4 = 2^2$
- $22 = 2 \times 11$
- PPCM (4 ; 22) = $2^2 \times 11 = 4 \times 11 = 44$ mois. Soit 3,6 ans ou cycle de Kitchin.

---

[56] *Indicateurs techniques : Interférences constructives et interférences destructives* - <u>Cointribune</u>, Thomas Andrieu, août 2022.

Néanmoins, cette méthode permet seulement de savoir quand aura lieu la prochaine synchronisation des deux périodes. En l'occurrence, il y a une alternance entre une interférence constructive et destructive tous les 44 mois (puisqu'on a 11 cycles de 4 mois et 2 cycles de 22 mois sur cette période). La projection de cette étude nous laissait présager en août 2022 un plus bas du marché au même moment. En effet, une semi-interférence destructive (neutralisant le marché baissier) devait se produire autour de septembre 2022, qui fut de fait la moitié du double bottom observé entre juillet et décembre. Cela correspond à 11 mois après la dernière interférence constructive, traduisant un plus bas du cycle de 22 mois, et un quasi-sommet du cycle de 4 mois (à 1 mois près), et finalement, on obtient une quasi-interférence destructive suffisamment fondée pour se produire dans la réalité.

Nous ne détaillerons pas plus ici le principe des interférences, car ce n'est pas l'objet du livre. En revanche, les interférences permettent de comprendre, d'expliquer et d'anticiper pourquoi les marchés connaissent des périodes de stagnation, puis de retour à la tendance, et finalement de sommets exacerbés. Les interférences nécessitent des explications scientifiques suffisamment longues pour ne pas être étendues ici, et nous aurons certainement l'occasion d'en discuter dans nos prochains travaux. Il est cependant important pour le lecteur de noter que les cycles existent et que les propriétés qu'ils impliquent constituent des techniques financières aux résultats concrets.

Dans la perspective des interférences, nous pouvons mentionner la vitesse d'évolution du marché. Au début du cycle, le marché est dans une phase d'accumulation. Souvent, les grosses mains accumulent des titres (ce qui est moins vrai ces dernières années) tandis que les vendeurs se font plus rares. Le marché est encore indécis, mais un rebond parvient à se dessiner. C'est alors que les perspectives de marché s'améliorent, les acheteurs poursuivent l'accumulation, et le marché accélère à la hausse. Il est important de noter pour le lecteur que la vitesse d'évolution du marché (souvent mesurée par les oscillateurs comme le RSI, le MACD, etc.) est maximale à la moitié de la phase ascendante du cycle. Dès lors, l'apparition de divergences baissières (avec la baisse des indicateurs et la hausse des cours dans la deuxième moitié de la phase ascendante) annonce souvent une baisse, une fois la divergence validée, qui devrait durer 2 fois la durée de la divergence sur les cours. Le graphique ci-dessous montre un cycle de prix et l'oscillateur qui lui correspond. Nous remarquerons que dans un cycle de marché symétrique, le maximum de la vitesse du marché correspond à la moitié de la vague ascendante.

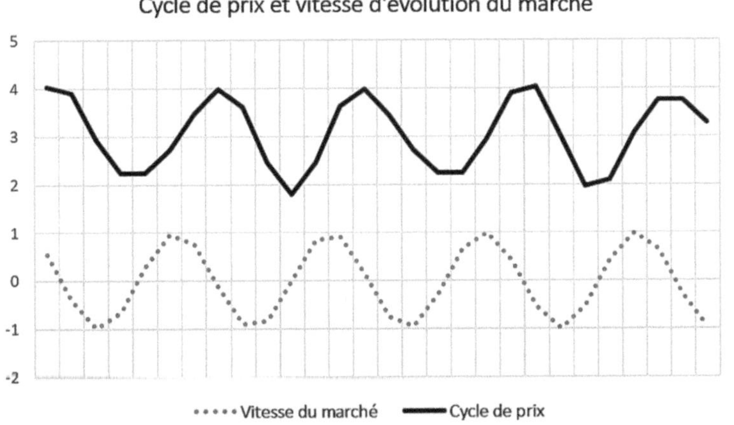

En mathématiques, la vitesse d'évolution du marché correspond à la dérivée du cycle de marché[57]. Par conséquent,

---

[57] La dérivée du sinus est égale au cosinus. Les deux sont espacés par une durée de 25 % de leur période.

la vitesse d'évolution du marché est bien maximale au milieu de la tendance, si le cycle est de nature symétrique.

Il existe de nombreuses techniques et théories complètes au sujet des cycles financiers. JM Hurst a notamment théorisé l'idée des supports et des résistances valides, ainsi que des lignes de démarcation. Une ligne de démarcation repose sur le principe suivant lequel un cycle qui se répète se reproduit en amplitude et en temps. Par conséquent, si l'on reporte le cycle idéal d'une demi-période dans l'avenir, alors les points bas effectifs du cours sont synchronisés avec les sommets du cycle idéal. Ce cycle idéal est nommé par JM Hurst comme une ligne de démarcation. Cette dénomination est d'autant plus adéquate qu'elle établit le principe selon lequel le non-franchissement de cette ligne de «*démarcation*» entraîne l'absence du cycle en question, et donc l'inversion de la tendance supérieure. C'est un peu comme si au lieu de mesurer l'amplitude et la durée des vagues de l'océan, nous mesurions les creux d'air qui confirment ou non l'arrivée de la prochaine vague. Cette technique est essentiellement graphique et elle permet de fixer dans la pratique des objectifs de prix très fiables. Néanmoins, la méthodologie de construction des lignes de démarcation est très rigoureuse.

Le graphique suivant montre le cours fictif d'un actif sous forme d'une courbe continue. L'évolution de ce cours est très cyclique et assez canalisée, nous observons également la présence d'un cycle avec une période proche de 6 unités. Par conséquent, nous reportons d'une demi-période dans l'avenir la courbe des prix à partir du début du dernier sommet du cycle. Dès lors, nous nous retrouvons dans une situation où les sommets sur les cours se traduisent par des creux sur ce cycle fictif décalé dans le temps. Si les deux courbes sont bien synchronisées avec un sommet et un creux, alors il y a de bonnes chances que le cycle identifié se reproduise dans l'avenir.

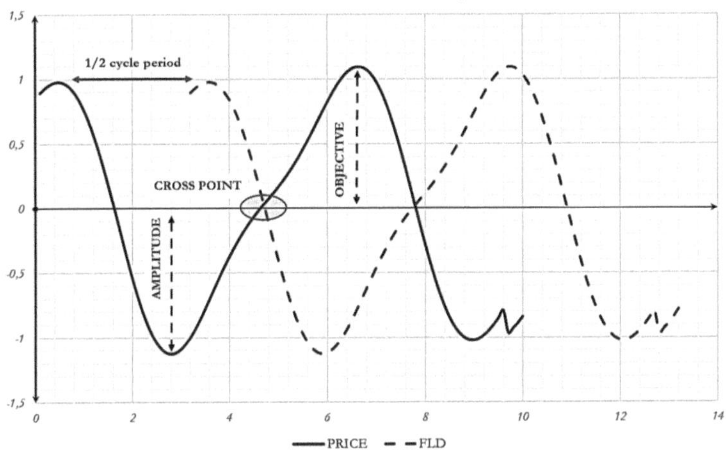

L'élément essentiel de l'analyse de JM Hurst intervient avec le croisement des deux courbes. Dans notre exemple, alors que le cycle des cours augmente et que la psychologie du marché est meilleure, l'opposé de ce cycle décroît. Le point de croisement entre la courbe des cours et la courbe de démarcation correspond donc logiquement à la moitié de la tendance complète. L'objectif de prix correspond alors à la distance entre le dernier plus bas (plus haut) et le point de croisement, que l'on reporte ensuite à partir du point de croisement des deux courbes. Effectivement, le point de croisement correspond généralement au moment où les investisseurs ne sont ni haussiers ni baissiers, et où le marché est proche de son équilibre. Le terrain est alors propice à l'émergence d'un consensus suivi d'une pleine tendance capable d'atteindre des objectifs déterminés. Mais par là même, une fois les objectifs atteints, ce signal annonce bientôt la phase finale de la tendance du fait de la modification incessante de la psychologie du marché et des fondamentaux. Le cycle se retourne à nouveau, et il se rapproche à nouveau de l'équilibre dynamique et ainsi du prochain point de croisement.

Pour mieux saisir la complexité de la méthode, nous revenons sur l'exemple du Dow Jones. Tout d'abord, l'étude mathématique fait ressortir sur le Dow Jones un cycle de 297 jours. Pour la parenthèse, nous remarquerons que 4,5 cycles de 297 jours forment un cycle de 3,6 ans environ. Par souci de simplification, le point bas de mars 2020 a été sélectionné comme point de départ, c'est-à-dire comme un point bas du cycle identifié. Nous avons donc reporté de 150 jours environ, ou une demi-période de 297 jours, dans l'avenir les cours passés à compter de mars 2020. L'existence de ce cycle tout au long du krach de 2020 permet de voir la validité de cette méthode même lorsque les marchés ne paraissent pas canalisés. Ainsi, un premier croisement entre les deux courbes est atteint en février 2020 à 25 700. Le dernier sommet absolu a été observé quelques jours auparavant à 29 350. L'objectif de cours à la baisse était donc au minimum situé à 22 000 environ.

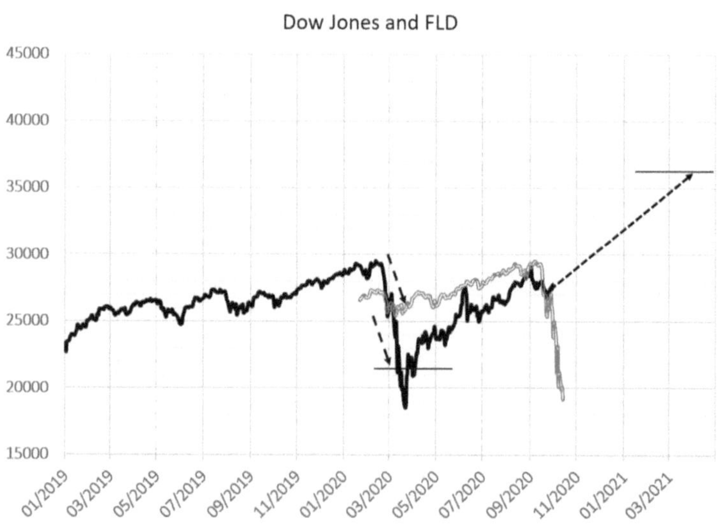

De même, l'objectif de temps, c'est-à-dire la durée entre le dernier sommet et le point de croisement, rapportait l'objectif minimum de temps vers le 2 mai. Ce qui fut effectivement une zone de polarité importante marquant la fin du krach de 2020. Ensuite, l'indice Dow Jones a progressé pour tenter de retrouver ses plus hauts. Nous remarquerons la précision de la ligne de démarcation et les deux tentatives échouées de franchissement du cours à la hausse. De ce fait, le prochain croisement haussier entre les deux courbes prend effet en septembre 2020 vers 27 000 points. Le dernier minimum du Dow Jones a été enregistré lors du krach à environ 18 500 points. L'objectif de cours à la hausse nous amenait mécaniquement vers 35 500 (36 500 par extension possible) et avec un objectif temporel autour de mars à juin 2021. Le 10 mai 2021, le Dow Jones établit un plus haut à 35 000, suivi de 35 600 en août. Il y a donc bien une grande précision dans l'analyse technique des cycles. Malgré tout, le sommet majeur du Dow Jones est atteint en janvier 2022 à près de 37 000 points. Cette dernière remarque traduit une propriété bien connue des cycles : le principe de translation.

Le principe de translation repose sur l'observation que les sommets de prix sont souvent décalés à droite du cycle symétrique dans une tendance haussière, et à gauche du cycle symétrique dans une tendance baissière. De ce fait, les plus hauts dans une tendance haussière prennent effet plus tardivement qu'attendu face à un cycle symétrique, tandis que les plus bas prennent effet plus rapidement qu'un cycle symétrique dans une tendance haussière. Dans notre exemple, le fait que le sommet absolu se soit manifesté en janvier 2022, plutôt qu'en juin 2021 par exemple, démontre que la tendance primaire reste haussière. Ce principe de translation est très utile, car il permet de comprendre les changements sur la tendance fondamentale.

Le graphique ci-dessous montre le cours du Dow Jones avec le cycle idéal de 300 jours précédemment identifié. Le cycle centré sur le plus bas de 2020 montre une assez bonne symétrie avec le mouvement correctif de 2022. De même, l'application du principe de translation montre pour 2020 que la translation à droite du sommet du cycle traduisait la persistance d'une tendance haussière dans les cycles suivants, ce qui fut vérifié. Nous pouvions nous attendre à ce que la phase descendante du cycle entre 2020 et 2021 ne soit pas marquée. De fait, le cycle en 2021 n'a pas montré de phase baissière. Le plus haut du Dow Jones mi-2021, accompagné d'un point bas du cycle, annonçait nécessairement une zone de polarité.

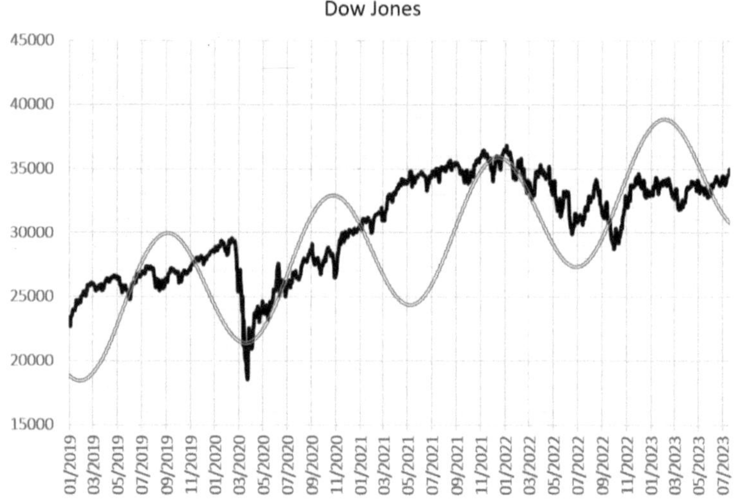

En effet, lorsqu'un minimum ou un maximum de cycle est synchronisé avec un maximum ou respectivement un minimum des cours, alors on parle de polarité. Cela traduit le fait que la tendance est amenée à s'inverser, car soit le cycle qui agit en sens inverse pourrait retrouver de sa pertinence, soit la tendance supérieure trouve en persistance.

Nous pouvions alors nous attendre à ce que les phases baissières reprennent de la pertinence. Dans tous les cas, cette observation est allée dans le sens de la correction à partir de janvier 2022, jusqu'en juillet. Le fait que le plus bas du marché ait été enregistré à l'automne 2022 est un autre exemple de translation. La force baissière étant plus persistante dans le temps, nous pouvions nous attendre à ce que le prochain cycle à cheval sur 2023 soit peu haussier. Ce qui fut le cas.

Nous n'avons pas mené ici une étude détaillée de la méthodologie, préférant un cas singulier pour simplifier de manière rigoureuse la méthodologie. Nous recommandons à cet égard la lecture de l'ouvrage de JM Hurst. L'auteur mentionne en effet l'existence de supports et de résistances qui trouvent respectivement leur origine sur les plus bas et les plus hauts des cycles théoriques. La rupture de ces supports ou de ces résistances entraîne le changement de tendance du cycle dont la période est immédiatement plus longue. Enfin, nous préciserons aussi que la configuration du Dow Jones à l'été 2023 montre moins évidemment une nouvelle zone de polarité. Juillet 2023 pourrait donc marquer partiellement des cycles futurs avec des phases baissières plus pertinentes. Ce schéma serait de nature à annoncer le retour de la pertinence des phases baissières du cycle, ou la pertinence de la tendance plus longue, conformément à la théorie.

Il existe des propriétés géométriques fascinantes dans les cycles. D'ailleurs, un cycle peut s'exprimer selon une courbe sinusoïdale, carrée, triangulaire, etc. Les techniques relatives aux cycles sont certainement parmi les plus complexes à saisir et à appliquer. Malgré tout, ce chapitre a montré des propriétés concrètes permettant d'utiliser facilement les cycles. En dépit de toutes les applications que nous pouvons entreprendre, les cycles ne peuvent pas se résumer à une courbe.

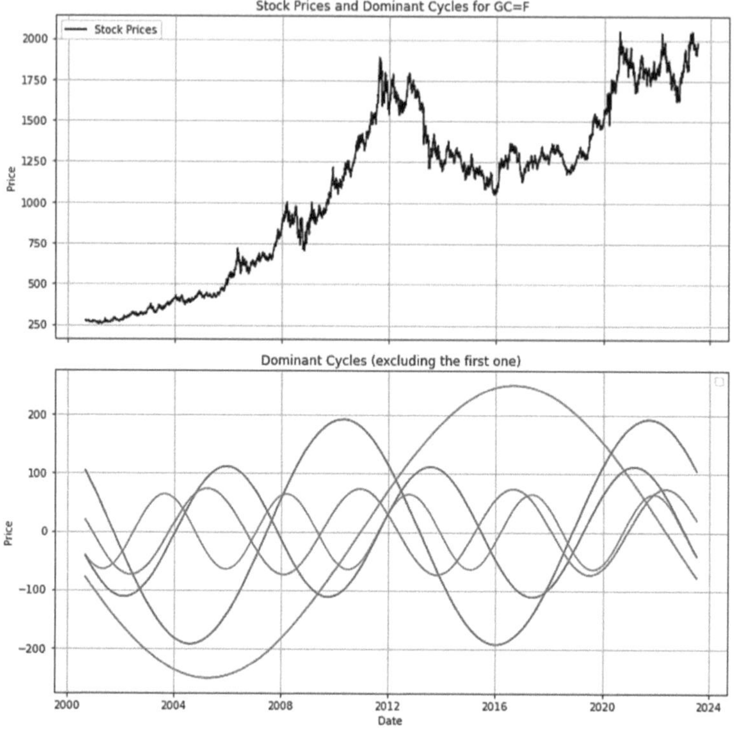

Le graphique ci-dessus montre le cours de l'Or entre 2000 et 2023. À l'aide de notre programme d'analyse, nous avons utilisé une décomposition en séries de Fourier avec des filtres. Ce graphique permet seulement de visualiser comment le cours d'un actif peut se décomposer en une multitude de cycles qui, ajoutés entre eux, forment la réalité des cours. Nous mentionnerons également le fait qu'une infime minorité des cycles est représentée ici. De tout ce qui a été avancé, les cycles sont une matière vivante car ils extériorisent des réalités intrinsèques et, pour l'écrire ainsi, perpétuelles. Car là où un cycle dominant viendrait à disparaître, il laisserait bientôt la place à un autre rythme du marché par le seul fait de sa disparition.

Enfin, une autre approche des cycles mérite d'être portée à la connaissance du lecteur. Certains auteurs comme Martin Armstrong considèrent que les cycles agissent effectivement et précisément sur le marché. C'est-à-dire qu'on peut parfois prévoir au jour près les dates de retournement ou de grands évènements sur les marchés. À cet égard, un cycle de 260 jours[58] à 265 jours semble particulièrement efficace sur le cours du pétrole. Ainsi, 260 jours environ séparent la sortie du Qatar de l'OPEP en décembre 2019 de l'attentat pétrolier du 15 septembre 2019. Cet attentat est lui-même séparé de 260 jours avec la réunion de l'OPEP de juin 2020 annonçant la volonté de limiter la production. En continuant, nous trouvons les immenses pertes des compagnies pétrolières annoncées au début 2021, puis, à mi-chemin de la période, nous retrouvons l'embargo contre la Russie en 2022, et 5 fois 260 jours après l'attentat de 2019, l'OPEP annonce contre toute attente réduire sa production, ce qui fait remonter le cours du pétrole à la mi-2023. Il y a une bonne symétrie temporelle de ce cycle, qui par ailleurs corrèle très bien avec le sommet et le creux absolu de 2008, et au-delà du cas du pétrole laissé à l'appréciation du lecteur, il est manifeste que certains analystes arrivent parfois à prévoir au jour près certains retournements. Mais ceci relève d'une autre modélisation et d'une théorie plus délicate et complexe que toutes les autres. Nous mentionnerons plusieurs auteurs qui ont tenté d'émettre des théories sur les ondes de marché, comme les ondes de Fibonacci d'après RN Elliott, la spirale calendaire de Carolan, les cycles naturels

---

[58] Ce cycle est un cycle traditionnel ; chez les Mayas, il s'agit par exemple du calendrier divin *Tzolk'in*, différent de l'autre calendrier de 365 jours avec lequel il est en phase tous les 52 ans. Il s'agit aussi d'un cycle naturel (durée de gestation humaine, etc.). Et enfin, ce cycle se vérifie aussi mathématiquement sur de nombreux actifs boursiers. Nous laissons ces mentions à l'attention du lecteur.

de Gann et les dates récurrentes de retournement, etc. Malgré tout, ces observations demeurent diffuses et pas suffisamment modélisées, détaillées et vérifiées. Néanmoins, il y a un certain nombre d'évènements pour lesquels la probabilité d'occurrence régulière à un moment donné du cycle ne peut être expliquée par le hasard.

Ce chapitre a montré un ensemble de propriétés, de méthodes et de faits utiles à l'analyse quotidienne de l'économie, de la finance, et parfois des évènements. L'esprit des marchés n'est pas immédiatement saisissable. Il est subtil, technique et effectif. Les techniques présentées ont un caractère introductif, mais cela permet toutefois de saisir l'ampleur et l'utilité de l'application des cycles dans l'analyse quotidienne des marchés. Les interférences sont une méthode encore jamais dévoilée à ce jour, et notre propos n'a pas eu pour objet de détailler plus amplement la théorie. Nous conviendrons cependant d'une mise en théorie plus complète dans l'avenir. Les interférences ont une puissance analytique et anticipatrice considérable, car elles sont la conséquence même du principe d'additivité. Par suite, nous avons montré le rôle des oscillateurs dans la dynamique cyclique, car nous retrouvons également des cycles dans la vitesse du marché. L'analyse des cycles projetés, ou ligne de démarcation au sens de JM Hurst, nous a pareillement semblé digne d'application. Cette méthode, souvent complexe et rigoureuse, permet néanmoins de fixer des objectifs temporels et de prix précis. Enfin, nous avons montré l'existence de polarités, de translations des sommets ou des creux, et de bien d'autres particularités de nature à nous aider dans la lecture du rapport théorique entre les cycles et les marchés. Finalement, la mention d'une approche très déterministe des marchés est pour nous de nature à traduire l'existence d'un champ de recherche encore méconnu et pourtant parfois si troublant.

Une célèbre expression du brillant financier Sir John Templeton, dont la sensibilité et l'héritage spirituel sont là encore considérables, rappelle que *« les marchés haussiers naissent dans le pessimisme, se développent dans le scepticisme mûrissent dans l'optimisme et meurent dans l'euphorie »*. Le chapitre est ainsi complété dans sa symbolique et dans sa technique.

Il a progressivement été montré dans cette partie qu'il existait des traditions et des théories primaires autour des cycles. Ensuite, ces cycles se sont précisés aux domaines de l'économie et de la finance. Puis la théorie des cycles a été grandement perfectionnée par des mathématiciens ou des analystes techniques. Il existe des rythmes dans les processus humains. Ces rythmes sont incontestablement et explicitement démontrés par les mathématiques et la science au sens large.

Mais une fois cela acté, ce qui est déjà beaucoup dans notre philosophie moderne, la plupart du travail reste à faire. L'application des cycles aux évènements qui nous entourent et aux marchés qui nous concernent reste assurément la tâche la plus ardue. La complexité des cycles est à la hauteur de leur réalisme. L'application des cycles se fait à travers la statistique, les mathématiques, mais encore à travers l'analyse technique. Les propriétés géométriques des cycles, bien connues en physique, sont encore aujourd'hui inconnues des acteurs du marché. Nous pouvons ainsi diviser ce souffle cyclique sur les marchés en une multitude de propriétés et de parties qui permettent, chacune à leur manière, de décrire une forme de réalité du marché. Pourtant, nous observons ces propriétés effectivement, et ce chapitre en a conclu la totale effectivité des cycles. Un ouvrage entier ne suffirait pas à montrer la multitude des applications géométriques et statistiques que permettent les propriétés fondamentales relatives aux cycles.

TROISIÈME PARTIE

LES CYCLES DANS
L'ACCOMPLISSEMENT DES SOCIÉTÉS

CHAPITRE 7

Inflation, masse monétaire et marchés

« Chaque fois que vous faites un achat important, vous êtes, au moins partiellement, en train d'essayer de prévoir le prix futur de cet article[59]. »

– Edward Dewey, 1971

Dans la partie précédente, il a été discuté du rôle de la temporalité du marché sur la réalisation des évènements économiques ou financiers. Ce constat a des implications considérables, car il nous rappelle combien la temporalité des actions prises collectivement est soumise à des règles précises. À court terme, le libre arbitre et le caractère *« aléatoire »* des évènements sont généralement plus prégnants. Néanmoins, à long terme, tout nous oriente à affirmer que les marchés ne dépendent pas d'une trajectoire *« hasardeuse »*, mais plutôt d'une trajectoire déterminée, et ainsi, que les évènements humains qui animent la trajectoire des marchés répondent à des causes dont l'origine est bien plus élevée et digne d'intérêt. Dans ce cadre, nous avons montré l'existence de symétries temporelles dans le comportement de l'économie, et plus particulièrement de l'inflation.

Le cas de l'inflation est un cas révélateur du manque de débat chez les économistes. L'inflation a de multiples causes, qu'il s'agisse des guerres, des pénuries, des mauvaises récoltes… Les explications exogènes à l'inflation sont innombrables à court terme. Néanmoins, ce type d'explication est tout à fait extérieur et dénué de cohérence avec le véritable comporte-

---

[59] *Cycles: The Mysterious Forces That Trigger Events* (1971), Chapitre 8, page 92, Edward Dewey.

ment de l'inflation dans le temps long. Dans l'étude qui nous occupe, nous rappelons l'existence de cycles réguliers d'une cinquantaine d'années.

Il est limpide que l'inflation n'existe que si elle est financée, et si, de fait, il existe un stock de richesses suffisamment grand pour que la demande reste supérieure à l'offre. Nous soulignerons à ce titre les écrits de l'éminent Jacques de Larosière[60]. La faiblesse des taux réels ces dernières décennies a considérablement augmenté la valeur du bilan des entreprises et des ménages. Dans le même temps, la production n'a pas suivi. Il y a eu une augmentation plus rapide de la valeur des actifs (immeubles, machines, actions, brevets...) que de la production. Les taux réels négatifs ont découragé l'investissement productif, et dégradé lentement les conditions de l'offre. Il est évident que le moindre choc de demande, comme ce fut le cas après les confinements, allait générer une inflation puissante et durable. L'inflation est toujours la correction d'un écart entre la richesse détenue (actifs...) et la richesse effectivement produite (biens et services).

En termes clairs, si le prix de votre maison ne cesse de croître en raison de l'expansion du crédit de vos voisins, alors le jour où vous vendrez votre maison, votre pouvoir d'achat sera plus grand et vous augmenterez votre demande. Mais le nombre de maisons n'a pas augmenté, de même que le nombre de voitures de luxe que vous pourrez désormais vous payer. L'inflation se diffuse alors.

Une de nos recherches en la matière a particulièrement attiré l'attention de certains financiers. L'inflation est un mécanisme qui suit des logiques temporelles plus précises que ce qui nous paraît être. Les statistiques sont le seul moyen de s'approcher du véritable comportement intrinsèque des prix. Par suite,

---

[60] *En finir avec le règne de l'illusion financière* (2022), Jacques de Larosière aux éditions Odile Jacob.

certains économistes argueront légitimement qu'il n'y a pas de causalité entre l'expansion de la masse monétaire et la manifestation de l'inflation. Ce qui est vérifié à court terme. Mais lorsque l'inflation est étudiée sur des échelles de temps plus longues, la masse monétaire apparaît être une des principales causes à la variation des prix.

Dans le graphique ci-dessous, nous avons comparé le taux de variation de la masse monétaire et le taux de variation des prix (CPI) pour les États-Unis. Le taux de corrélation entre ces deux taux a ensuite été relevé. Plus la période considérée de variation des deux taux est grande, plus la corrélation est forte. En d'autres termes, la corrélation à court terme entre l'inflation et la masse monétaire est presque inexistante. C'est au-delà d'une durée de 5 années que l'expansion monétaire commence effectivement à se diffuser sous forme d'inflation. Finalement, il faut attendre plus de 10 années pour que les «*pleins effets*» de la création monétaire soient diffusés dans l'économie sous forme d'inflation.

Figure 1 – Détermination entre création monétaire et inflation en fonction du temps (en années)

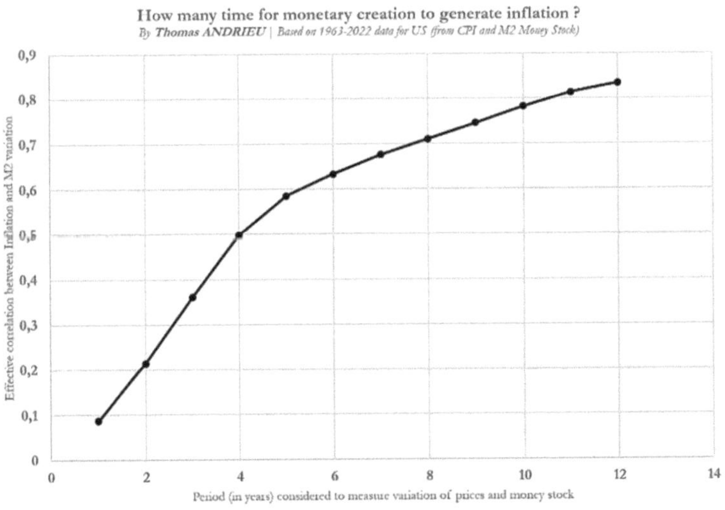

De plus, il est intéressant de noter que la création monétaire a une corrélation *«logarithme»* avec l'augmentation des prix. En reprenant l'exemple de votre maison que vous vendez plus cher en raison de l'expansion du crédit, alors votre pouvoir d'achat augmente dans un premier temps. L'inflation n'est pas diffusée et nous sommes au stade primaire de notre corrélation. Nécessairement, vous allez ensuite consommer plus de biens (ou plus cher) car vous pouvez par exemple acheter une nouvelle maison, une voiture haut de gamme, manger dans les meilleurs restaurants, etc. Mais ce faisant, vous augmentez la demande, et les prix augmentent à leur tour si de nouvelles maisons ne sont pas construites, si des usines de voitures ne sont pas créées, si des cuisiniers ne sont pas embauchés, etc. Dans tous les cas, ces ouvriers, ces ingénieurs et ces cuisiniers vont à leur tour dépenser plus. En achetant des biens et des services, vous transformez la valeur hypothétique de votre maison en une demande qui stimule toute l'économie (multiplicateur keynésien qui se diffuse sur plusieurs années ici). Mais dans le cas où l'expansion du crédit n'est pas limitée à votre quartier mais à tout le pays, alors nous parlons de demande globale qui augmente plus rapidement que l'offre. Inexorablement, les prix augmenteront au stade final, car la hausse des prix a été financée par l'expansion abusive du crédit.

Ainsi, ce que montre cette étude des corrélations, c'est que l'inflation ne se diffuse pas de manière instantanée. L'inflation met des années, voire plus d'une décennie, pour se manifester pleinement dans le comportement des agents. Notre étude est largement étayée par un éventail de publications institutionnelles. Dans un bulletin de la banque des règlements internationaux de janvier 2023[61], les conclusions empiriques suivantes apparaissent :

---

[61] BIS Bulletin, N°67, *Does Money Growth Help Explain the Recent Inflation Surge?*, Claudio Borio, Boris Hofmann and Egon Zakrajšek.

- *«La force du lien entre la croissance monétaire et l'inflation dépend du régime d'inflation : il est de un pour un quand l'inflation est forte et quasiment inexistant quand elle est faible. »*
- *«Une accélération de la croissance monétaire a précédé la flambée de l'inflation, et les pays avec la plus grande croissance monétaire ont connu une inflation nettement plus élevée. »*
- *«L'examen de la croissance monétaire aurait contribué à améliorer les prévisions d'inflation post-pandémique, suggérant que sa valeur d'information peut avoir été négligée. »*

Le rapport spécial de la banque des règlements internationaux sur l'inflation méritait d'être clair et très juste. Il est difficile pour qui s'y aventurerait de contester les relations statistiques et empiriques décrites ici, car cela touche à la manière même dont se diffuse l'inflation dans l'économie. L'expansion de la masse monétaire, qu'elle soit induite par la seule demande de crédit ou la politique des banques centrales, est donc bien une cause de l'inflation, en particulier lorsque cette dernière est élevée et durable. *Pourquoi sinon existerait-il des cycles dans la variation des prix ?*

Par conséquent, si l'inflation est un mécanisme régulier avec des causes fondamentales claires selon les conditions économiques, c'est donc que la hausse des prix a un rôle bien particulier dans le cycle long. L'inflation est comme une maladie. Elle naît du désir cupide des États, des entreprises ou des ménages. Elle s'impose par le monopole de la monnaie unique et se diffuse par l'avantage qu'elle procure à ses initiateurs. L'inflation se manifeste par un seul symptôme : celui de la désorganisation collective, et de la position exagérée de certains groupes économiques ou sociaux. Cette désorganisation collective se manifeste au-delà du champ économique de manière extériorisée : c'est la pénurie, la guerre, l'excès de croissance, ou la folie de quelques-uns sur tous. Il ne faut donc jamais confondre ce qui relève intrinsèquement de l'inflation, c'est-à-dire les causes génératrices de cette dernière, et ce qui relève extérieurement de l'inflation.

De ce fait, il y a quelque chose d'assez effrayant dans les discours politiques au sujet de l'inflation. L'inflation est avant tout un impôt caché, un moyen de taxer les plus pauvres d'abord, et si les taux réels sont négatifs, les propriétaires ensuite. Le budget actuel des États est désespéré, et tant que les taux réels resteront négatifs, la politique budgétaire et la politique monétaire seront contradictoires. L'inflation restera structurelle. Dans une période de hausse des prix, les États profitent empiriquement de l'inflation et voient leurs recettes augmenter considérablement. Par conséquent, si le taux d'intérêt payé sur la dette publique n'augmente pas avec l'inflation (taux réel négatif), alors le gouvernement aura toujours intérêt à emprunter. La Banque centrale américaine, la FED, est une des rares banques centrales à avoir saisi ces enjeux pour freiner la hausse des prix en ramenant le taux réel (inflation ajustée de l'inflation sous-jacente) sur un seuil positif en 2023. Le gouvernement accroît indûment l'inflation pour accroître ses pouvoirs et effacer ses erreurs d'une manière tout à fait indolore. L'inflation est une politique d'austérité cachée, ni plus ni moins. L'austérité au sens propre n'a rien de mauvais en soi, au contraire, la rigueur devrait être la norme de toute puissance prospère, mais lorsque cette austérité est ignorée et subie de tous, c'est autre chose.

Ce manque de connaissances sur l'inflation se transmet au débat public, et un certain nombre de personnes mettent en avant un lien entre les profits et l'inflation. Cette question mérite d'être légitimement posée. L'enjeu est de savoir si les profits sont une explication extérieure de court terme à l'inflation, ou bien une cause réellement endogène et intrinsèque. A priori, l'idée selon laquelle les profits seraient une cause génératrice de l'inflation à long terme ne nous paraît pas fondée. La hausse régulière des prix dans le temps long ne peut s'expliquer par le simple partage de la valeur. Car il est évident que l'évolution de la valeur à partager prime sur le partage de cette valeur elle-même. Dans tous les cas, l'inflation a toujours traduit une pénurie, un manque d'offre. Dans ce contexte, il convient d'affirmer que les entreprises en place ont un pouvoir de marché plus grand, et qu'il devient donc naturel d'observer des profits croissants en période d'inflation. L'inflation, dans sa forme positive, doit être envisagée comme une incitation pour les entreprises à produire plus et à réajuster favorablement les conditions de l'offre. Nous pensons qu'il est légitime pour ceux qui produisent des biens en pénurie d'être rémunérés à ce titre, car autrement, cela reviendrait à inverser les valeurs et les causalités de court terme. Il y a toujours eu une corrélation assez positive, mais pas constante, entre l'inflation et les profits, mais c'est toujours l'inflation qui génère les profits plus que l'inverse. Même dans le cas fortuit où l'on admettrait que les profits génèrent de l'inflation, les profits sont soit réinvestis, soit gardés en réserve. Dans le cas où les profits sont réinvestis, cela règle le problème de l'inflation en augmentant la capacité de production d'une part, et en incitant les futurs concurrents à entrer sur le marché d'autre part. Dans l'autre cas où les profits sont gardés en réserve, la monnaie circule peu (contrairement aux salaires), ce qui réduit la vélocité de la monnaie et, mécaniquement, l'inflation. Par conséquent, il nous paraît véritable d'affirmer que les profits ne peuvent être envisagés qu'au titre d'une forme extérieure et de court terme de la hausse des prix. Il nous semble aussi important de rappeler que l'inflation ne profite pas à toutes les entreprises, et beaucoup d'entre elles sont soumises à des faillites plus nombreuses qu'habituellement. La hausse des profits pour certaines entreprises apparaît donc être encore plus une manifestation de rajustements sectoriels des forces productives.

L'affirmation qui consiste à dire que l'inflation est due aux profits est donc une aberration à long terme, et nous ne pouvons que déplorer la surprise des gens face à la redécouverte du lien inflation-profits. Les profits sont la conséquence de long terme, et au plus la cause partielle de court terme, de la hausse des prix, mais les économistes concernés doivent être conscients que réduire les profits ne réduira jamais les prix, car cela serait plutôt de nature à justifier de nouvelles taxes, à augmenter les dépenses publiques et, de ce fait, à accroître encore et toujours les pouvoirs de l'État et la dissimulation de son impuissance face à l'inflation. De la même manière, le blocage des prix n'a jamais fonctionné, ni dans sa forme subventionnée, ni dans sa forme légale et contraignante. Il est clair qu'aux mêmes conditions que la masse monétaire détermine l'inflation, à savoir la présence d'une inflation élevée et une grande expansion monétaire, le blocage des prix en est d'autant plus absurde. Au contraire, on fait fi du fait que l'État pèse considérablement sur les prix avec la TVA. Les résultats obtenus par les pays qui ont réduit la TVA sont clairs, en particulier dans le cas de l'Espagne. La lutte contre l'inflation ne passe pas seulement par la hausse du taux d'intérêt, elle passe aussi par une politique budgétaire plus rigoureuse et moins pesante sur l'économie.

La signification de l'inflation dans le cycle long nous paraît désormais éclairée. En effet, l'inflation induit proprement une réallocation des forces productives et des facteurs de production au sens de Nikolaï Kondratiev. L'inflation structurelle annonce, comme souvent, la fin de la phase ascendante du cycle long. L'inflation traduit l'incapacité de l'offre à produire plus à court terme, elle implique donc aussi la manifestation du manque de concentration des capitaux et, de manière empirique, la présence de taux d'intérêt plus élevés. La présence de profits élevés dans certains secteurs parachève l'incitation à la concentration des capitaux. L'inflation est un processus intrinsèque à l'économie et au comportement des agents. Enfin, l'inflation est souvent liée à des guerres, des révoltes et des désorganisations plus récurrentes. C'est pourquoi nous devons toujours réfuter les pulsions de contrôle que peut faire naître l'inflation. L'inflation est née au premier échange matériel de l'économie, car elle est la conséquence logique de l'expression de l'équilibre matériel et social, et, de fait, l'inflation sera là jusqu'au dernier échange économique. Rattacher l'inflation à des causes extérieures ou immédiates n'est pas seulement absurde, c'est aussi et surtout un moyen de mieux ignorer ce qui la détermine véritablement.

Nous mentionnerons enfin l'existence d'un super-cycle dans l'expansion ou la contraction de la base monétaire. Cela sera brièvement exposé dans le *Grand Livre des Cycles Économiques*. Cette lecture renforce encore le caractère profondément régulier des dynamiques économiques à l'œuvre.

CHAPITRE 8

Sur la symbolique des Âges économiques

> *« Dans le cas qui nous occupe, celui de la crise financière, le coupable ultime est celui qui abaisse artificiellement les taux ou celui qui assouplit les exigences légales, en facilitant l'accès au crédit à des personnes qui ne remplissent pas les conditions minimales de solvabilité[62]. »*
>
> *– Francisco Garcia Paramés*

Dans ce chapitre, nous mènerons une série de réflexions sur l'actualité économique récente d'une part, et sur ses implications par rapport à l'idée des âges économiques d'autre part. Ce chapitre cherche, par l'extériorité des évènements qui se présentent à nous, à rappeler les liens étroits qui rattachent ces évènements à la symbolique des cycles dans la tradition. Aussi, ce chapitre peut être jugé plus politique que les autres, mais il nous semble pertinent de soutenir cette position dans la mesure où elle fut la bonne position dans l'anticipation des évènements actuels. Nous montrerons qu'au-delà des crises qui nous traversent, des principes immuables s'élèvent au gré des crises et de la croissance.

Depuis des années, de nombreux économistes libéraux ont alerté sans cesse sur les risques d'une hausse continue des dépenses et des recettes publiques, des déficits, de la dette, de la masse monétaire... Mais aucune politique *« d'austérité »*

---

[62] Francisco Garcia Paramés est un des principaux gérants d'actifs d'Espagne. Il est réputé pour avoir anticipé la crise de 2008 et sa gestion de long terme. Citation tirée d'*Investir à long terme* (2018), Valor Éditions.

n'a été à la hauteur, et nous terminons irrémédiablement avec une chute de la croissance potentielle, une résurgence de l'inflation, et des mouvements sociaux aussi instables que le corps économique. Dès 2019, nous avons eu l'occasion de justifier la présence de risques prochains de récession, d'inflation, de pénurie, et de chute de la valeur des obligations qui allaient suivre avec la hausse des taux. Il est désormais clair que ces évènements se sont manifestés avec d'autant plus de violence qu'ils ont été surprenants pour les ménages et les entreprises.

Alors que le grand public reste assez distant de cette information, la forte remontée des taux a provoqué un krach obligataire sans précédent depuis au moins un siècle et probablement plus[63]. Quelques années auparavant, ce scénario semblait pourtant boudé par tous les économistes. Mais il est là. Nous ne pouvons que déplorer le caractère dramatique de ce krach obligataire. En outre, la plupart des portefeuilles d'assurance-vie sont composés de ce type de produits. Et de surcroît, le bilan des banques est saturé d'obligations diverses.

Cette situation n'est pas sans rappeler l'origine même du terme « *krach*[64] ». En mai 1873, Vienne est à son apogée. Les prix de l'immobilier sont rongés par la spéculation, les affaires économiques s'emballent. Mais le 9 mai 1873, dans la continuité de la décision des États-Unis de retourner à un étalon-or rigide en février[65], la Bourse perd 30 % à Vienne.

---

[63] Le professeur émérite Edward McQuarrie à l'Université de Santa Clara (Californie) a déclaré que « *même en 250 ans, on ne peut pas trouver une pire année que 2022* » sur le marché obligataire américain. La dernière perte majeure remonterait à 1803 avec -19 %. Mais même avec cela, la dévalorisation des obligations à 30 ans a par exemple atteint -40 % en 2022.

[64] *Histoire de l'économie mondiale* (2021), Jean-Marc Daniel, Éditions Tallandier.

[65] Aussi surnommé le « crime de 1873 ».

La panique envahit les rues, et une foule s'amasse devant la banque Rothschild, qui se situe en face du palais impérial. L'empereur ne manqua pas de demander la cause de va-carme, qui se dit « *krach* » en allemand. Nous sommes loin des krachs où la foule était menaçante et criante. Aujourd'hui, les krachs sont silencieux, tandis que les bank run, c'est-à-dire les opérations de retrait collectif des avoirs auprès des banques, sont d'une rapidité inégalée dans l'histoire économique.

Dans ce contexte, la faillite de la Silicon Valley Bank résulte directement de l'effondrement du marché obligataire. Les dépôts de la 16e plus grande banque des États-Unis sont passés de 74 Mds$ en juin 2020 à près de 200 Mds$ en mars 2022, sous l'impulsion de la croissance des valeurs technologiques avec les confinements et les injections de liquidités. Barron's révèle que la banque avait placé la plu-part de ces dépôts, comme la plupart des banques, en obligations d'État. Mais la banque avait acheté des obliga-tions de long terme, qui ont subi les pertes parmi les plus lourdes du marché. Fin 2022, la banque avait 117 Mds$ d'obligations, soit plus de la moitié de ses actifs... La perte accusée était de l'ordre de 15 Mds$, ce qui suffisait à dé-clencher la faillite de la banque.

L'effondrement du marché obligataire devrait durer plu-sieurs années, en ce qu'il va porter atteinte à la stabilité du système financier, bien que les obligations puissent redeve-nir intéressantes pour certains investisseurs. Les banques centrales sont désormais condamnées à un dilemme qui ira *crescendo*, entre imprimer de l'argent ou augmenter les taux. La pratique de taux réels négatifs pendant plusieurs an-nées est un gant jeté à la face de la prospérité économique. La hausse des taux a des conséquences à court terme sur la faillite des entreprises «*zombies*», des start-ups et des entreprises qui se financent à taux zéro. Mais un présage bien plus grand s'annonce, celui de la dette des États. Le taux réel négatif signifie simplement qu'il y a un flux de capitaux massif des épargnants vers les États et certaines entreprises. Tant que l'État profite de l'inflation, des guerres et des crises, le budget peut être tenu. Mais lorsque les taux réels deviennent nuls ou positifs, alors l'État doit faire peser ce coût réel sur son budget, et, nécessairement, sur la population.

Par conséquent, nous devons souligner le rôle profondément pervers des taux réels négatifs. Les taux réels négatifs sont assez rares dans l'Histoire, et leur rareté pourrait à elle seule suffire à aiguiser notre prudence[66]. Les taux réels aux États-Unis et au Royaume-Uni pour les obligations à 30 ans sont restés globalement assez proches de 3 % à 6 % pendant tout le XIXe siècle. Ce n'est qu'entre 1900 et 1910 que les taux réels commencent à se réduire sensiblement, et passent, pour la première fois pour ainsi dire, en négatif. Un fait notable est que le rendement réel de la Bourse américaine entre 1800 et 1990 n'est jamais descendu sous 6 %, et son rendement réel est plutôt compris entre 7 % et 8 %. La Bourse semble donc au contraire avoir maintenu son taux réel de croissance. Il faut ensuite attendre les années 1940 jusqu'aux années 1960 pour retrouver des taux réels négatifs.

La période suivante dans laquelle nous observons des taux réels négatifs arrive en... 2002. La crise des valeurs technologiques et les évènements géopolitiques ont mené la Banque centrale américaine vers un assouplissement de sa politique monétaire. Le taux directeur est alors resté durablement sous 2 % (en 2004, il était de 1 % !). Irrémédiablement, le prix

---

[66] Les données sont extraites de *The Real Rate of Interest From 1800-1900* par Jeremy S. Siegel.

de l'immobilier des 10 plus grandes villes américaines a augmenté de près de 40 % sur la seule période 2004-2005. Nous connaissons les spéculations et les conséquences qui ont découlé de ces politiques injustifiées. Enfin, il est peut-être vain de rappeler que les taux réels sont durablement négatifs depuis 2010... Les taux réels négatifs ont toujours précédé une guerre, une crise, ou une grande période d'inflation. Une fois de plus, la rareté des taux réels négatifs dans l'Histoire devrait suffire à notre raison.

De surcroît, le problème du taux d'intérêt est le même que celui de la planification communiste. Si le taux d'intérêt est contrôlé par la volonté d'un seul, nous devons sans cesse avoir à l'esprit que ce dernier contrôle alors le pouvoir des prix. Le taux est un prix. De même, le salaire que vous recevez dépend du taux d'intérêt (l'employeur peut recourir plus ou moins au crédit selon le taux), tout comme le loyer est un taux (l'accès au crédit déterminant la possibilité de devenir propriétaire), ou le prix de n'importe quel produit est un taux (le prix d'un bien, c'est le taux d'intérêt de l'ensemble des facteurs qu'il a mobilisés pour le produire). En outre, plus les flux de revenus sont réguliers, plus le prix des biens ou des services peut être rigoureusement exprimé à partir du taux d'intérêt. Le monopole du prix a toujours été relié au monopole du taux.

Il est évident que dans ce contexte, la théorie de la libre concurrence monétaire de Friedrich Hayek a toute sa légitimité. Nous n'allons pas nous attarder en détail sur cette théorie, mais là encore, des parties entières de l'histoire économique ont été oubliées. Une infime proportion des économistes connaissent l'histoire de la banque libre, cette ère où les banques étaient libres d'émettre leur propre monnaie. Ce n'est pas pour rien que le nombre de banques aux États-Unis est passé de 30 000 en 1921 à moins de 4 200 aujourd'hui. En Europe, le nombre de banques s'est effondré de 33 % entre 2009 et 2020, d'après les données de la BCE. La régulation, l'apparition des banques centrales et d'un marché monétaire très centralisé, et finalement la faiblesse des taux, ont détruit la libre concurrence. Seules des banques systémiques sont désormais capables de gouverner un système centralisé, dépourvu de flexibilité et de réactivité face aux crises. La centralisation du système économique et financier aux États et aux banques est une réalité de l'ensemble du siècle écoulé, et plus encore de notre époque. Nous devons être conscients des risques considérables que fait courir cette concentration des pouvoirs, pour le consommateur et pour le système.

Nous devons insister à ce titre qu'il n'existe pas d'argument plus absurde que celui de la régulation à long terme. Personne ne peut sérieusement affirmer que le secteur bancaire n'est pas régulé aujourd'hui, et les contraintes sont telles qu'aucune petite banque ne peut les supporter. Les crises ne naissent pas tant du manque de règlementation; au contraire, les produits en question sont souvent tout à fait légaux et inspirent une confiance qu'ils ne devraient pas. La faillite de SVB rappelle que la cause inhérente à cette faillite est l'effondrement de la valeur des dettes publiques, ni plus ni moins. Les apôtres de la régulation la plus féroce, ignorant tout ou presque de ces mécanismes de liquidités et de cyclicité, ne font que renforcer des contraintes qui condamnent le système à la centralisation. De même, bien qu'il soit indiscutable que les titres hypothécaires de 2008 aient été diffusés abusivement, les autorités ont une responsabilité (qu'elle soit monétaire ou légale). L'effondrement du nombre de banques en activité, et le recours à des banques centrales surpuissantes, sont les causes majeures de la concentration du secteur bancaire. De sorte, nous sacrifions toujours un peu plus de liberté économique au profit d'une sécurité financière bien hypothétique entre les mains de grandes institutions fondées sur la distribution d'autorisations qui, au final, ne répondent en rien aux besoins de l'économie réelle. Car plus les banques se concentrent, plus le risque systémique grossit, moins l'économie devient flexible, plus le risque d'enlisement est grand.

Une bonne économie ne peut reposer que sur un bon crédit et une bonne décentralisation, capable de répondre aux besoins d'un tissu économique aussi vaste et divers que notre économie moderne. Nous devons lutter contre cette conception que l'économie se résume à un État surpuissant dont les besoins de financement ne peuvent être assouvis que par des banques elles-mêmes surpuissantes. La stabilité des prix était généralement meilleure durant les périodes de banque libre, tout comme la flexibilité des décisions monétaires permettait d'accroître la réactivité de l'économie en cas de crises dans certains secteurs. L'inflation naît du monopole de la monnaie, car comme tout monopole, il fixe son prix sans que le consommateur ne soit consulté. Les banques centrales ont, partiellement, ce pouvoir de monopole.

De là émerge une question plus grande. L'indépendance des banques centrales avait été érigée en valeur sacrée pour s'assurer que ce monopole de fixer les prix ne soit pas usurpé par l'avarice du politique ou la folie du dictateur. Mais le fait est que les États n'ont jamais autant profité du monopole de la monnaie dans la décennie passée, et maintenant que l'inflation fait rage, elle prouve l'incapacité criante de certaines banques centrales à anticiper et à répondre. Certains rétorqueront que l'inflation est due aux pénuries, mais même avec cet argument, toute inflation est nécessairement financée, là où toute pénurie se résout par la sobriété qu'imposent les prix. Cela a été discuté au chapitre précédent.

Par suite, il a été abordé que les crises financières actuelles et à venir ont deux caractéristiques essentielles. Premièrement, les crises actuelles sont de plus en plus systémiques, dans le sens où elles touchent des institutions ou des entreprises toujours plus grandes et qui nécessitent l'intervention presque automatique des pouvoirs publics. En second lieu, les crises actuelles consistent en un arbitrage entre l'inflation d'une part, et la stabilité des marchés financiers d'autre part. L'inflation et la stabilité financière sont incompatibles, bien que la corrélation entre les performances de marché et l'inflation soit même positive depuis les années 2000.

En clair, nous nous dirigeons d'abord vers des crises de « *stagflation* », très différentes des crises de dépression, mais tout aussi déplorables. Bien que l'inflation puisse être moins perceptible dans certaines régions, il n'en demeure pas moins que nous avons des crises plus récurrentes et moins profondes. À ce titre, on peut espérer qu'une dépression pourrait se manifester 25 à 30 ans après les pics d'inflation liés au cycle de Kondratiev. Mais là encore, nous sommes dans le domaine de l'hypothèse, et cela a été abordé dans les chapitres précédents. Les crises de « *stagflation* » sont aussi souvent les moins douloureuses, car la flexibilité des prix et l'augmentation du chiffre d'affaires des entreprises montrent la capacité de l'économie à rester résiliente.

Les périodes actuelles dans l'histoire économique annoncent souvent la nécessité de mener de grands investissements dans la force productive. La nécessité du bon crédit sera plus que jamais centrale dans les années à venir; or, nous en prenons le chemin inverse, précisément pour mener à bout la dynamique actuelle conformément au processus cyclique.

De prime abord, les crises à venir jusqu'au milieu des années 2030 (au moins) seront assez différentes de la crise de 2008. La crise de 2008 était certainement une crise caractéristique de la fin du dernier cycle de Kondratiev. Cette crise, en plus de se traduire par de la déflation, s'est traduite par un fort recul de la production, des taux et du prix des matières premières. Au contraire, les crises de type « *stagflation* » s'inscrivent plutôt dans une tendance haussière à long terme des matières premières, du taux, mais aussi et surtout de l'inflation. Dans ces périodes, les récessions sont moins marquées et l'économie est plutôt résiliente (les crises n'étant pas des chocs d'offre négatifs mais de simples chocs de demande face à la hausse des prix).

Pour mieux comprendre, on se propose d'analyser en détail le cycle de l'économie américaine. En toute théorie, le point bas majeur du cycle de Kondratiev s'est manifesté à la fin de la Seconde Guerre mondiale, vers 1950. Et son sommet a été entre les deux pics inflationnistes, vers 1976. Il est tout à fait remarquable que la période 1950-1965 ait constitué une période de croissance sans inflation. La décennie des années 1960 a marqué une présence anormalement faible de récessions, marquant la transition vers une économie où la croissance se maintiendrait, avec des récessions plus fréquentes, et surtout avec de l'inflation. Nous sommes certainement plus proches de cette période.

CYCLE ÉCONOMIQUE POUR LES ÉTATS-UNIS			
Source données : FRED			
Date récession	Point haut croissance économique	Durée (années, plus bas)	Durée du cycle Juglar
1949.5	1951		
1954.25	1955.75	4.75	
1958.25	1959.75	4	
1961	1966.25	2.75	11.5
1970.75	1973.5	9.75	9.75
1975.25	1979	4.5	
1980.75	1981.75	5.5	
1982.75	1984.5	2	12
1991.5	1998	8.75	8.75
2001.75	2004.5	10.25	10.25
2009.75	2015.25	8	8
2020.5	2021.5	10.75	10.75
MOYENNE		6.6 ans	10.14 ans

La récession est un critère d'analyse parmi d'autres. Mais là encore, une fréquence anormalement faible de récessions a été observée entre 2010 et 2020, ce qui pouvait signifier une transition vers une économie plus inflationniste, et un rythme de croissance plus instable. Ce qui fut le cas. Depuis 1949, nous pouvons distinguer 6 grands cycles de Juglar (de 1949 à 2009, ce qui correspond parfaitement à la théorie), dont la durée moyenne est d'un peu plus de 10 ans (soit 3 cycles de Kitchin). En tout, depuis 1949, une récession prend effet en moyenne tous les 6,6 ans aux États-Unis. Ce qui correspond très exactement à deux cycles de Kitchin. Enfin, la durée minimale observée entre deux récessions a été de 2 ans (contre 10,75 ans au maximum, entre 2009 et 2020[67]). En toute hypothèse, le prochain risque économique important devrait se situer entre 2025 et 2027, et en ajoutant encore 6,6 ans, on retrouve la prochaine période de 2033 à 2034. Mais cela n'est pas une certitude, et ne l'a jamais été (la période vers 2030 pourrait aussi présenter légitimement ces risques). Une étude plus longue nous donnerait des indications plus claires, bien que l'étude de nombreux facteurs comme les taux ou les prix montrent des dates similaires.

Mais prenons encore de la hauteur face à ces évènements économiques. Car ce qui doit être dit de la croissance doit être dit des crises. Il est en effet explicite que le pouvoir monétaire reflète assez bien la construction du corps économique et du corps social. Nous pensons donc approprié de discuter de la symbolique pour les anciens de ce pouvoir monétaire. Au début de cet ouvrage, nous avons souligné la dégénérescence au sens traditionnel qui s'opère à mesure que la richesse matérielle croît. Cette dégénérescence n'est pas seulement observable durant les périodes de croissance, elle l'est également durant les périodes de crise. Il y a dans les textes anciens suffisamment de grands esprits pour avoir mentionné en termes plus ou moins explicites le processus symbolique des crises au fur et à mesure que nous avançons (reculons) dans les âges.

---

[67] Ce qui constituait par ailleurs un très bon indicateur de la récession à venir en 2020, et des conséquences qui allaient suivre. Le caractère extérieur avec la crise du COVID ne tient pas rigueur, puisque, dès la fin 2019, le Japon allait entrer en récession.

Nous outrepasserons le fait que les économistes donnent souvent une origine purement commerciale à la monnaie. Néanmoins, la monnaie a toujours eu un rapport étroit avec le pouvoir spirituel, de sorte qu'elle était toujours l'objet d'une complémentarité entre la figure «*politique*» et son caractère spirituel. En outre, le théologien français Nicolas Oresme écrivait vers 1360 un passage fort symbolique... Ce symbolisme nous est explicitement confirmé dans les chapitres suivants, et il est particulièrement troublant à notre esprit puisqu'il exprime clairement cette «*dégénérescence*» économique où l'on perd le sens profond de la monnaie voulue par les anciens.

> «*Ainsi le faisait-on [l'alliance de métaux] autrefois de bronze, comme le raconte Ovide au livre premier des Fastes, disant : "d'airain étaient les deniers que l'on donnait autrefois, mais l'or maintenant est un meilleur garant. Et, vaincue, la monnaie de l'ancien temps devant la nouvelle s'est inclinée". C'est une mutation semblable que le Seigneur promit par la voix du prophète Isaïe, disant : "à la place du bronze, je ferai venir de l'or, et à la place du fer, je ferai venir de l'argent"*[68]. »

> «*"Il faut remarquer", dit Cassiodore, "avec quelle science les anciens ont regroupé ces monnaies dans leur classement. Ils voulaient que six mille deniers fissent un sou, c'est-à-dire que, tel un soleil d'or, le rond formé du métal rayonnant <u>comptât exactement l'âge du monde</u>. La savante Antiquité a défini non sans rai-*

---

[68] Ce passage est d'une très haute symbolique spirituelle et décrit la vocation même de la monnaie, telle que probablement perçue par les plus anciens. Nous renverrons aux Quatre Âges de l'Humanité (Gaston Georgel) décrits par les traditions sur les cycles. La monnaie symbolise elle-même les cycles dans l'enseignement traditionnel !

son le sextuple comme multiple parfait et, de fait, le sextuple du sou, elle l'a désigné du nom d'once qui fut l'unité fondamentale de la mesure. En la multipliant douze fois, comme il en est des mois dans le cours de l'année, les anciens en ont constitué la plénitude de la livre. Ô inventions d'hommes avisés ! Ô sages dispositions des anciens ! Système exquis qui, tout à la fois, classe ce qui est nécessaire à l'homme et contient symboliquement tant de mystères de la nature. Il est donc bien justifié d'appeler livre ce qui fut pesé par tant d'observation des choses." Tels sont ses propos. »

– Nicolas Oresme, chapitre II, puis chapitre XI,
du *Traité Des Monnaies* (1355-1360)

Cette complémentarité entre l'aspect spirituel et matériel de la monnaie a toujours marqué les époques[69], et ce dès Crésus. L'anecdote même de la naissance de la monnaie raconte, d'après Hérodote, que deux oracles auraient prédit la défaite d'un grand Royaume si la guerre était lancée contre les Perses. Ce Royaume promis à la défaite fut bien celui de Crésus, en -547. Bien sûr, le système de dette a précédé la monnaie. La monnaie n'est qu'une forme extérieure de dette. Mais ce que la monnaie souligne avant tout, c'est cette extériorité dans les liens de dépendance qui forment la société (par opposition à l'intériorité[70] des

---

[69] Précisons la signification du terme *bond* en anglais pour désigner à la fois une relation (parfois affective) entre deux personnes, mais encore une obligation (actif monétaire) dans la finance. Nous pourrions aussi discuter de la circularité des monnaies.

[70] L'extériorité est une caractéristique de la dégénérescence. Elle exprime la manifestation plus ou moins claire des véritables liens qui unissent les individus. C'est-à-dire des liens intérieurs et plus profonds (qu'ils soient spirituels ou, dirions-nous aujourd'hui, économiques, sentimentaux, politiques...).

liens qui unissent les individus). D'ailleurs, le mot « intérêt » est issu du latin *inter esse*, c'est-à-dire en français « *être parmi* », à mettre en parallèle avec l'intériorité et l'intérieur, *interior*. Nous comprenons donc que l'intérêt au sens monétaire actuel transmet originellement l'idée d'un lien humain partagé, dans son sens positif ou négatif. De la même manière, le terme « payer » provient du latin *pacare*, c'est-à-dire le plus simplement : « faire la paix »... Les inquisiteurs du « *règne de l'argent* » blâment en réalité la nature profonde des liens qui unissent les individus. La monnaie est devenue omniprésente à notre époque pour la raison notoire que les liens sociaux sont le plus souvent de l'ordre économique, matériel et extériorisé. La monnaie ne fait que traduire d'une manière matérielle, donc chiffrée et extérieure, la plupart des véritables liens de domination ou de subordination qui existent entre les individus, et par là, de mettre en exergue des liens d'un autre ordre. Dès lors, la perspective de John Maynard Keynes, visant à réduire la monnaie au stade de « *morbidité quelque peu dégoûtante* » du XXIe siècle, revient à renier l'existence d'une valeur économique, spirituelle ou même sentimentale (valeur familiale, valeur historique...) de la monnaie. Cela nous paraît ignorer les véritables origines de la monnaie. D'ailleurs, John Maynard Keynes lui-même affirme : « *J'appréhende le rajustement des habitudes et des instincts de l'homme ordinaire.* » Dans son article de 1930, Keynes avait parfaitement saisi les tenants et les aboutissants de la dynamique économique et, par-dessus tout, de la symbolique de la croissance économique et des crises qui nous traversent.

> « *Lorsque l'accumulation de richesses ne sera plus d'une haute importance sociale, il y aura de grands changements dans le code moral. [...] L'amour de l'argent comme une possession sera reconnu pour ce*

qu'il est : une morbidité quelque peu dégoûtante [...].
Pourtant, j'appréhende le rajustement des habitudes
et des instincts de l'homme ordinaire, ancrés en lui de-
puis d'innombrables générations, qu'on pourrait lui
demander d'abandonner d'ici quelques décennies. [...]
Je pense qu'il n'existe aucun pays ni aucune personne
qui puisse attendre avec impatience l'ère du loisir et
de l'abondance sans crainte[71]. »

Ces mots de John Maynard Keynes sont loin d'être dénués de symbolique dans le domaine des cycles traditionnels. En outre, les enseignements traditionnels sur les cycles rapportent, pour reprendre une expression de René Guénon, que les temps actuels correspondent à un âge où «*on ne juge plus les hommes que d'après les seules apparences extérieures*». Ce dernier âge du cycle où les hommes sont considérés par la simple apparence fait suite à l'âge où la richesse était une source de distinction, lui-même faisant suite à l'âge où la naissance et la parenté étaient un critère de distinction, lui-même postérieur au temps du cycle où «*les hommes n'étaient plus distingués entre eux que par la connaissance*». Il y a donc bien une symbolique forte du cycle traditionnel concordant avec l'analyse de John Maynard Keynes, visant à percevoir la richesse comme un ordre dépassé et méprisé. Ceci en dit long sur la nature profonde du succès du keynésianisme, qui n'est pas tant d'ordre économique, mais plutôt d'ordre cyclique.

De sorte, l'extériorité de la monnaie est donc d'abord spirituelle, et d'un point de vue purement contemporain, nous pourrions dire que la monnaie avait une valeur spirituelle qui inspirait confiance et autorité à ceux qui l'utilisaient. La

---

[71] *Perspectives économiques pour nos petits-enfants* (1930), extraits divers, John Maynard Keynes.

monnaie est avant tout un moyen de matérialiser des relations plus intérieures entre les individus, qu'il s'agisse du commerce, de l'épargne, de la propriété familiale, etc. Certaines formes de monnaie conservent encore aujourd'hui une part de spiritualité sur leur face, notamment le dollar pour les raisons que nous savons. Mais cela n'a plus véritablement grand-chose à voir avec la fonction originelle de la monnaie. Encore jusqu'à Napoléon Ier, on pouvait délicieusement lire sur les pièces en or « *Dieu protège la France* ».

Malgré tout, il y a des périodes dans l'Histoire où le pouvoir politique (royal) a rompu avec le pouvoir spirituel. Tel était le cas de l'ordre du Temple, dont la richesse et la fonction spirituelle ont décidé Philippe le Bel à anéantir complètement l'ordre en 1312. De cette date est née la superstition autour du vendredi 13, et il se disait que les années de famine qui suivirent ainsi que la chute des Capétiens furent la conséquence de cette confiscation. L'imaginaire collectif était profondément marqué de cet héritage monétaire et spirituel, désormais perdu. Et sous un certain égard, la séparation (théorique) entre le pouvoir monétaire actuel et le pouvoir politique n'est pas neutre. Le pouvoir politique, sans pouvoir spirituel, et le pouvoir monétaire ne peuvent entretenir entre eux que des liens nécessairement indépendants et distincts. Car là où le pouvoir politique abuserait de la monnaie sans la comprendre, le pouvoir monétaire ne vaudrait bientôt plus rien[72].

Une fois que nous avons discuté cela, l'existence de crises consistant essentiellement en la dévaluation de la monnaie, que ce soit par l'inflation ou la baisse des taux, ne fait qu'exprimer la continuité de cette dégénérescence. La monnaie

---

[72] Un parallèle pertinent peut être fait avec la perte de confiance dans les banques centrales ces dernières années.

n'ayant qu'une valeur toujours plus faible et abstraite, il est évident que les distinctions sociales ne peuvent s'établir que sur l'apparence et non plus la richesse. Il y a aussi l'idée qu'au final, la forme de la monnaie devient de plus en plus abstraite et dépourvue de toute symbolique, et qu'elle peut être manipulée aussi facilement que la société peut être changée de son essence, à l'image de la masse populaire à qui ce pouvoir d'apparence est délégué. Plus la monnaie est abstraite, plus les esprits le sont. Plus la monnaie est d'une forme abstraite, plus les esprits sont attachés au confort de vivre, de sorte que la dévaluation apparaît être un moyen toujours plus facile pour accroître le niveau de vie sans produire, au prix d'une perte de valeur économique, spirituelle et sentimentale de la monnaie. De manière parallèle, la dépendance à celui qui dévalue la monnaie s'accroît. Par conséquent, nous arrivons à l'observation de Cassiodore formulée dès le VIe siècle qui écrit avec brio que dans les temps de dévaluation, «*on gémit tout autant d'être libre qu'on pleura sur son asservissement !*».

Nécessairement, la dévaluation est d'autant plus imprégnée dans le corps social que le poids des institutions est grand. D'après les données du FMI, le poids des dépenses publiques en France en 1900 était de l'ordre de 11,4 % du PIB. Cette proportion était à peu près similaire à tous les pays occidentaux. En 2020, le poids des dépenses publiques en France a atteint 61,4 % du PIB (contre 58,1 % en 2022), un record absolu. Il est manifeste que les États sont les principaux agents économiques du XXIe siècle, et qu'une telle concentration de pouvoirs dans les mains d'une partie minoritaire des agents ne peut conduire qu'à des désajustements et des crises à répétition. Le processus de dévaluation monétaire, et par extension de dévaluation sociale, est donc renforcé par l'emprise d'institutions peu nombreuses et étendues à la société. Nécessairement, un tel poids de l'État ne peut être entièrement supporté par la population, ce qui implique l'accroissement inlassable des dettes publiques. Mais le retour de taux plus élevés menace réellement le budget, et la charge d'intérêts est anticipée en 2027 comme le premier budget de l'État (70 Mds€), devant l'éducation. Nous parlons seulement ici de la charge des intérêts, et les besoins réels de refinancement s'élèvent en 2023 à près de 5,2 Mds€ par semaine, ou 270 Mds€ par an... Le problème du poids des États n'est pas seulement que ce dernier peut ponctionner les ressources actuelles, c'est qu'il ampute souvent la prospérité de long terme. Il est aussi stupéfiant de voir que les pays qui ont dominé en termes de dépenses publiques sont souvent les pays qui se retrouvent évincés de la scène internationale deux à trois décennies plus tard. Les dépenses publiques ne sont là que pour mieux cacher les misères économiques. Nous discuterons dans le dernier chapitre du seuil maximal d'efficacité des dépenses publiques. Dans tous les cas, les institutions publiques renforcent sensiblement les effets de la dévaluation monétaire, sur l'ensemble des corps de la société.

Les crises ont donc un effet bien particulier sur la société. Alors que la croissance économique accroît la multiplicité des liens de dépendance et l'individualisme, les crises marquent au contraire le repli et la perte de confiance dans les institutions économiques et politiques. Dans le même temps, tout le monde cherche à se rapprocher du « *centre monétaire* » qui pratique la dévaluation pour en profiter autant que possible, dans une forme de servitude (ou de révolte) individuelle dépourvue de sens. Mais du fait même que la croissance implique un éloignement de l'état originel, on se détache de la fonction première de la monnaie. Chaque nouvelle crise s'éloigne donc un peu plus du caractère spirituel ou politique qui pouvait encore inspirer confiance, et par effet, chaque crise traduit presque systématiquement un effondrement des institutions suprêmes, et l'instauration d'un nouvel ordre. Mais ces nouveaux ordres monétaires n'ont rien à envier à leurs prédécesseurs, car l'état originel de la monnaie précède, génère et régénère toutes les monnaies dépourvues de sens dans l'économie contemporaine. La valeur purement extérieure et apparente que nous attribuons aujourd'hui à la monnaie est nécessairement inférieure à une autre valeur plus subtile de la monnaie, qui était précisément mentionnée dans des Âges antérieurs. Cela rejoint sous certains aspects les observations historiques de Jean-Michel Servet sur ce qu'il appelle les «*paléo-monnaies*[73] ».

Le fait que l'inflation ou la baisse des taux dévalorisent la monnaie dans la plupart des pays montre aussi une certaine idée du fait que pour maintenir la croissance, il faut dévaloriser la monnaie. C'est préférer l'oisiveté au travail. C'est-à-dire, par extrapolation, dévaloriser le caractère traditionnel des relations humaines. Ce qui nous amène à une question plus grande et plus énigmatique : celle de la trajectoire de nos sociétés. Nous mentionnerons enfin un deuxième passage bouleversant du livre de Nicolas Oresme vers 1360 à propos de la dévaluation monétaire. Tout est déjà écrit, et ce qui est écrit aujourd'hui sera réécrit demain, jusqu'à ce que les dirigeants de ce monde se perdent dans l'étendue de leur propre pouvoir.

> *« Chacun, certes, peut voir clairement que ce serait là [la dévaluation] un prélèvement injuste et un acte de véritable tyrannie qui, même, apparaîtrait plus violent et pire que celui commis par Pharaon en Égypte, dont*

---

[73] *Essai sur les origines de la monnaie* (1979), Jean-Michel Servet.

Cassiodore a dit : "Nous lisons que Joseph, pour lutter contre une famine meurtrière, donna la permission d'acheter du froment mais fixa un prix tel que le peuple, avide de son secours, se vendrait plutôt que d'acheter de la nourriture. Je le demande, quelle ne fut pas la vie pour ces malheureux auxquels on voyait ce secours sans pitié ôter leur liberté : en ce temps-là, on gémit tout autant d'être libre qu'on pleura sur son asservissement ! Je crois que le saint homme fut réduit à cette extrémité pour pouvoir à la fois satisfaire un souverain cupide et secourir un peuple en péril." Tels sont ses propos. Mais ce monopole des monnaies serait encore plus véritablement tyrannique parce qu'il serait plus involontaire, non nécessaire à la communauté et particulièrement dommageable. »

– Nicolas Oresme (1321-1382), chapitre X,
Traité Des Monnaies (1355-1360)

CHAPITRE 9

Trajectoire des sociétés

«Je prédis que d'ici cent ans [en 2030], les conditions de vie des pays progressistes seront entre 4 et 8 fois supérieures à celles d'aujourd'hui. »

— John Maynard Keynes, 1930[74]

Dans ce chapitre, nous montrerons que si l'économie suit des cycles longs, elle respecte aussi, comme pour la Bourse, une trajectoire de long terme assez déterminée. L'idée que la croissance économique depuis la deuxième moitié du XXe siècle soit plus élevée qu'elle ne le fut depuis 1800 n'est pas exacte. Aussi, nous pouvons montrer l'existence d'une régularité dans la croissance économique, à la fois de par la constance de cette dernière et la temporalité des cycles qui s'y manifestent.

En 1930, le célèbre économiste John Maynard Keynes écrivait pour les petits-enfants de 2030. Il prédisait que le niveau de vie serait entre 4 fois et 8 fois supérieur à celui de son époque. Cette prévision paraît d'autant plus surprenante que John Maynard Keynes avait une sainte horreur du long terme. Mais cette prévision fut d'une grande pertinence. En 2020, le PIB du Royaume-Uni s'élevait à 1 859 milliards de pounds, ce qui est 8,7 fois supérieur au PIB de 1930 (213 milliards de pounds). Sur la même période 1930-

---

[74] Tiré du court essai de John Maynard Keynes, *Perspectives économiques pour nos petits-enfants* (1930).

1920, le niveau de vie mesuré par le revenu par habitant au Royaume-Uni a été multiplié par 6.

L'exactitude de la prévision un siècle auparavant du célèbre économiste rappelle la précision absolue des trajectoires économiques à long terme. Nous avons par ailleurs brièvement parlé dans le chapitre précédent de la correspondance entre l'analyse keynésienne et les enseignements traditionnels sur les cycles. Il est donc vain de considérer la trajectoire de l'économie à long terme comme aléatoire, au contraire. Les trajectoires déterministes s'appliquent assez bien au comportement de la Bourse sur plus d'un siècle. Nous pouvons aussi réaliser un exercice relativement simple pour démontrer l'importance du temps long en économie.

De fait, la prévision de Keynes reposait sur l'hypothèse que la croissance de l'efficacité technique serait de plus de 1 % par an, ou encore une croissance annuelle moyenne de 1,8 % par an. Entre 1900 et 1930, la croissance annuelle moyenne du PIB au Royaume-Uni fut de 1,1 %, contre 2 % entre 1800 et 1900. En d'autres termes, la richesse du Royaume-Uni entre 1800 et 1900 a été multipliée par 7,35. Et puis, entre 1900 et 2000, cette richesse a été de nouveau multipliée par 6,63. L'idée d'après laquelle la croissance est plus importante ces dernières décennies que dans le reste de l'Histoire moderne est fausse. Au contraire, il y a une constance historique dans le taux de croissance observé depuis un siècle. L'effet exponentiel de la croissance économique cache le fait que cette dernière est présente depuis de très nombreuses décennies. La constance du taux de croissance de l'économie est liée à un cercle vertueux d'innovations et d'applications de ces dernières. Ainsi, l'impact de la découverte du feu, de l'invention de l'écriture, du papier ou des outils sont des innovations qui ont provoqué l'émergence de plusieurs civilisations. D'une façon générale, il est remarquable qu'une civilisation arrive au terme de son histoire lorsque les innovations se tassent, le pouvoir s'installe confortablement dans le biais de la stabilité, et la croissance arrive sur un plafond, qui bientôt annonce le déclin relatif et absolu de la société.

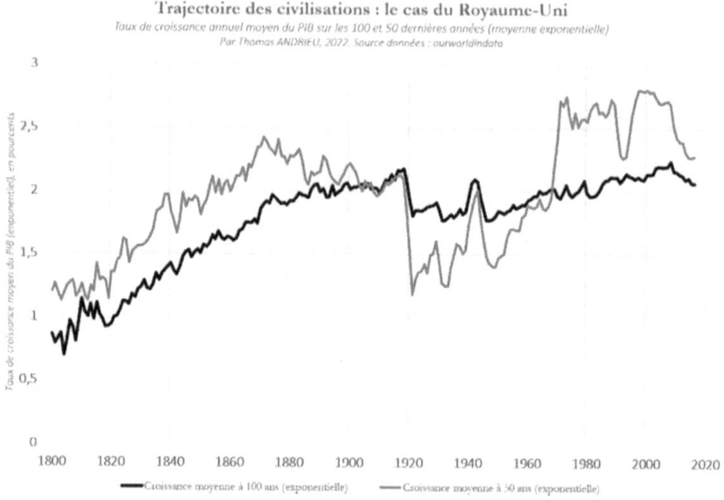

Le graphique ci-dessus montre la moyenne annuelle exponentielle de la croissance sur les 100 dernières années (courbe noire) et les 50 dernières années (courbe grise) pour le Royaume-Uni. Entre 1800 et 1920, le rythme moyen de croissance augmente considérablement. La croissance annuelle moyenne passe de 1 % en 1800 à 2 % en 1920. Sur 50 années, la croissance annuelle moyenne s'établit même à 2,5 % par an autour des années 1870. La Première Guerre mondiale met un coup d'arrêt à la hausse de la croissance annuelle moyenne. Depuis 1920, le taux annuel moyen de croissance de l'économie britannique s'est stabilisé autour de 2 %. Dans les années 1970, la croissance annuelle moyenne sur 50 ans a connu une forte accélération, mais la crise de 2008 a provoqué une convergence vers 2 %.

Ces observations révèlent avant tout que le Royaume-Uni est sur une sorte de plateau stagnant de croissance économique depuis le début du XXe siècle. Or, il est important de préciser que la France possède également un rythme de croissance similaire à celui du Royaume-Uni sur la période étudiée. Le déclin relatif de certaines sociétés, face à l'accélération du rythme de croissance en Asie et ailleurs, est donc bien effectif. De même, un nouvel évènement dont les impacts seraient similaires à ceux de la Première Guerre mondiale pourrait impliquer la réduction du rythme moyen de croissance.

La prévision de John Maynard Keynes s'est avérée exacte, près de 100 ans après sa formalisation. Si nous poursuivions l'idée d'une croissance annuelle moyenne proche de 1,8 % à 2 %, alors nous pourrions affirmer que le niveau de vie en 2130 serait 6 à 7 fois supérieur au niveau de vie actuel. Dans un scénario de croissance faible (1 %), le niveau de vie serait « *tout juste* » 3 fois supérieur au niveau de vie actuel. Nous devons ensuite ajouter les effets de la démographie, qui est attendue en légère hausse ou stable d'ici 2100 dans de nombreux scénarios. Mais il est clair que notre analyse repose sur l'idée que les risques de guerres, de catastrophes naturelles et de chocs divers sur la croissance seraient limités. Ce qui ne semble pas forcément être le cas, ni la voie du XXIe siècle.

Il est parallèlement important de discuter de la question démographique. La plupart des analystes ne réalisent pas l'importance des cycles démographiques dans le cycle économique et dans les périodes de prospérité ou de déclin des marchés financiers. Dès 2002[75], les premiers chercheurs ont avancé l'existence d'une corrélation entre les cycles générationnels et les performances boursières. En effet, l'étude se base sur un ratio générationnel. Nous divisons la part de la population moyennement âgée (35-49 ans) par la part de la population jeune (20-34 ans), ce ratio est ensuite nommé MY

---

[75] *Demography and the Long-Run Predictability of the Stock Market*, John Geanakoplos, J.P. Magill, Martine Quinzii (August 2002).

ratio. La considération théorique est assez simple, et assez réaliste par ailleurs. Nous pouvons à ce titre recommander les travaux de Harry Dent sur les cycles de consommation et de production selon les âges de la vie.

L'étude du ratio MY se base sur le postulat que la génération moyennement âgée (35-49 ans) produit plus, investit plus sur le marché, et consomme moins qu'elle ne produit, tandis que la jeune génération (20-34 ans) consomme plus qu'elle ne produit et n'investit pas ou peu sur les marchés. Par conséquent, une génération moyennement âgée proportionnellement plus grande qu'une génération jeune sera de nature à traduire une capacité d'épargne plus grande, tandis que la consommation sera portée moins franchement par la jeune génération, moins dominante. Cela aboutit, en termes comptables, à une hausse du prix des actions (de la capacité d'épargne), et à une stagnation relative du taux de profits (de la consommation des jeunes). La valeur du ratio P/E augmente, et avec elle, l'ensemble du marché boursier.

Le graphique ci-après, présenté en 2002 par l'étude mentionnée, montre la valeur estimée du ratio MY. Ce graphique est à comparer avec l'évolution du Dow Jones depuis 1914, qui a été exposé dans la partie précédente. Il existe une très bonne corrélation entre la tendance de ce ratio et la tendance du marché sur l'ensemble du siècle écoulé. De même, la période depuis les années 2000 confirme explicitement le bien-fondé de ce ratio. La période de 2000 à 2015 a marqué un fort déclin du ratio MY, et ainsi les auteurs ont entrevu les deux derniers krachs considérables de l'histoire boursière. La reprise haussière du ratio devrait ainsi s'effectuer entre 2020 et 2035. Le milieu du prochain plateau stagnant serait situé vers 2033 ou 2034. Cette phase descendante pourrait au moins durer jusqu'en 2046.

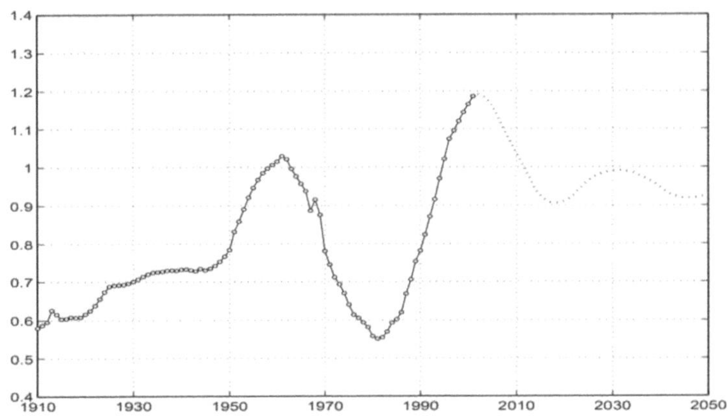

Figure 3: *The middle-young (MY) cohort ratio.*

Le fait troublant est que le ratio concorde assez bien avec le cycle de Kondratiev. Malgré tout, il est intéressant de noter que le baby-boom et la Guerre mondiale ont eu pour effet d'accroître le ratio jusqu'en 1960 avant d'entamer un fort déclin du début des années 1970 jusqu'en 1980. Sur la même période, nous retrouvons les chocs pétroliers, et le sommet théorique du dernier cycle long de l'économie. Si les générations moyennement âgées ont ensuite dominé jusqu'en 2000, nous nous situons aujourd'hui sur un plateau entre 90 % et 100 %. La variabilité du ratio est donc moins grande que dans le passé, mais le lien étroit qui existe entre la démographie et les valorisations boursières fait dire à certains que le marché haussier pourrait durer jusqu'en 2035.

« Pour la cohorte d'enfants d'aujourd'hui, leur vie économique en tant que jeunes adultes commencera dans vingt ans, lorsque les jeunes d'aujourd'hui entreront dans la quarantaine : ainsi, le ratio de personnes d'âge moyen par rapport aux jeunes est prévisible avec un degré de confiance élevé au cours des vingt prochaines années environ. Étant donné que dans notre modèle, ce

*ratio détermine (modulo la constance des autres para-
mètres) un intervalle dans lequel le ratio cours/bénéfices
(PE ratio) peut être attendu, l'approche démographique
change l'accent de l'imprévisibilité à court terme vers la
prévisibilité à long terme du marché boursier[76].* »

La démographie joue un rôle central dans la continuité du
cycle économique à long terme, et elle en constitue l'une des
composantes déterminantes. D'après Eurostat, la population
européenne est anticipée comme étant à son maximum
absolu en 2026 à 453 millions d'habitants. Ensuite, nous assis-
terions à un plateau stagnant. Ce revirement démographique
serait sans précédent depuis au moins le XVIIe siècle. Il nous
paraît donc manifeste, au-delà du ratio MY, que le taux de
croissance démographique détermine lui-même le taux de
croissance économique potentiel à long terme. De fait, pour
utiliser des technologies aussi performantes que possible,
faut-il encore avoir des utilisateurs. La BCE rappelle ainsi que
le déclin démographique et le recul de la mondialisation vont
peser considérablement sur les gains de productivité à l'avenir, et donc mécaniquement sur la croissance potentielle. Il
est aussi important de spécifier que la croissance économique européenne, entre 1995 et 2005, a été alimentée pour
près de moitié par les gains de productivité, et pour autre
moitié par les facteurs employés. Une réduction des deux
contributions serait doublement négative, et donc absolument négative.

Les auteurs de l'étude sur le ratio précisent enfin que le taux
d'intérêt de long terme de l'économie est souvent opposé à
l'évolution du ratio MY. De son côté, le taux d'intérêt de court
terme évoluerait par anticipation du taux d'intérêt lissé à long
terme. L'idée est qu'une proportion plus grande de la popu-

---

[76] *Demography and the Long-Run Predictability of the Stock Market*,
John Geanakoplos, J.P. Magill, Martine Quinzii (August 2002).

lation active moyennement âgée entraîne des capacités d'épargne plus grandes, et donc une baisse du taux d'intérêt. Par suite, nous comprenons que les phases ascendantes du cycle long seraient plutôt liées à un rajeunissement de la population active, tandis que les phases descendantes se caractériseraient généralement par un vieillissement de la population active.

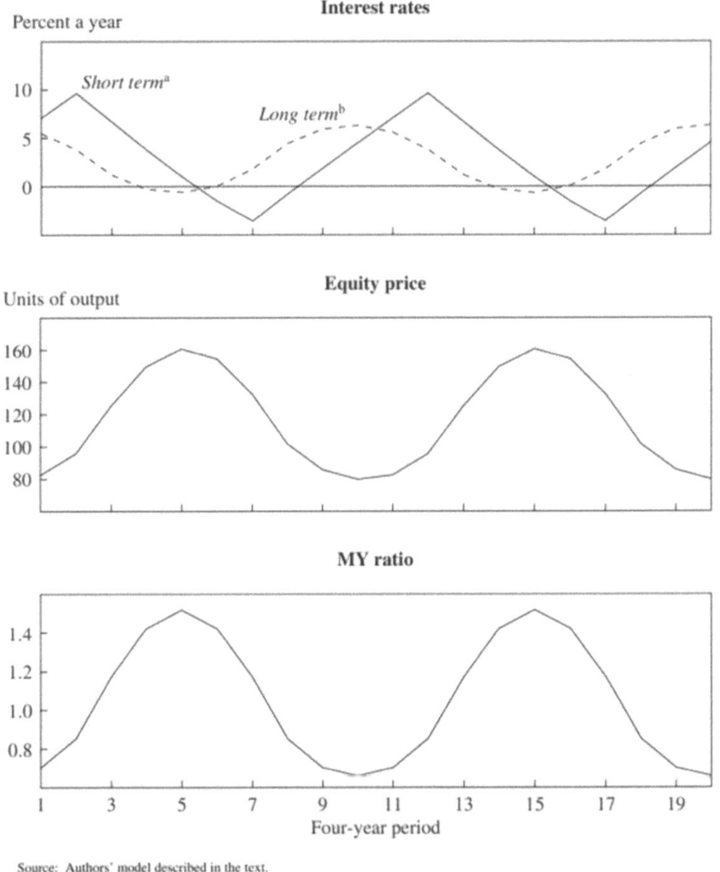

Source: Authors' model described in the text.
a. One-period interest rate.
b. Geometric mean of short-term rates in each of five periods into the future.

Ainsi, le plus bas majeur du ratio MY en 1980 plaide une fois de plus en faveur de l'idée que le dernier sommet du cycle long s'est manifesté dans les années 1970. Réciproquement, le plus haut du ratio MY en 2000 plaide pour l'idée du plus bas du cycle long autour de cette décennie. Le graphique ci-dessus, tiré de l'étude mentionnée précédemment, montre clairement l'évolution conjointe et théorique du taux, de la valorisation du marché, et du ratio MY.

De même, entre 2011 et 2022, la part de la population entre 20 et 64 ans a fortement chuté, au profit de la population âgée de 64 ans et plus. Le vieillissement de la population active, et de la population en général, peut donc être perçu comme une des causes des taux négatifs entre 2015 et 2020. Les projections démographiques d'ici à 2100 montrent clairement que la part de la population active devrait se réduire. Cela peut plaider en faveur de l'idée que les valorisations resteraient globalement haussières ; néanmoins, la répartition entre la jeune génération et la génération moyennement âgée ne serait pas inclinée en ce sens. Au niveau mondial, la deuxième moitié du XXIe siècle marquerait la stagnation durable de la population mondiale, ce qui annonce souvent des évènements importants.

Nous noterons enfin de nombreuses publications scientifiques[77] sur les variations du nombre de naissances annuelles. En effet, il apparaît qu'il existe un cycle de 11 ans dans le nombre de naissances. Cette période n'est pas sans rappeler celle du cycle des taches solaires, et plus encore, la période du cycle des grandes phases de croissance de Juglar. Nous avons représenté dans le graphique suivant le taux de croissance de l'économie américaine et la variation du taux de natalité. Nous avons, conformément à la théorie, décalé de 10 ans à 11 ans la variation du taux de natalité

---

[77] Randall W, Moos WS. *The 11-Year Cycle in Human Births.* Int J Biometeorol (May 1993).

pour observer la présence de corrélations. La corrélation sur la période étudiée se porte déjà à +30 %, ce qui est très remarquable.

Par conséquent, sans mener d'étude détaillée ni plus rigoureuse sur la question, la corrélation suffisante, la synchronisation suffisante, et la périodicité suffisante montrent qu'il existe bien un lien entre le rythme de la croissance et le rythme des naissances. Ce lien n'est pas absolu, mais il est explicite. Nous remarquerons que la synchronicité de la croissance avec la variation du taux de natalité est très bonne lorsque les deux séries se produisent simultanément, sans décalage d'une décennie. La démographie est bien un moteur déterminant de la croissance économique. Dans ce cadre, nous pourrions anticiper un prochain pic de croissance autour de 2024 à 2025, avant un ralentissement qui pourrait se manifester jusqu'à 2027 ou 2030. Ceci reste bien sûr supposé et théorique, mais une fois encore, nous ne pouvons qu'être très agréablement contentés par la bonne concordance avec les autres cycles. Enfin, il nous est aussi possible d'affirmer que le taux de croissance influe sur la variation du taux de natalité, mais le lien semble être plus prégnant lorsque les nouveau-nés deviennent des membres actifs de l'activité économique. Nous en concluons que la démographie est un moteur essentiel du cycle de Juglar, et souvent, par extension, du cycle de Kondratiev.

La trajectoire des sociétés tient souvent à peu de choses, et la démographie est de ces choses. La démographie est de telle nature à soutenir la thèse que le plateau de croissance observé depuis un siècle devrait au moins se maintenir, et possiblement évoluer négativement dans le siècle qui est le nôtre. La question advient de savoir si les prochaines phases descendantes du cycle de Kondratiev seront également plus marquées.

Ce chapitre montre une fois de plus le bien-fondé des cycles économiques et financiers, et plus encore, de leur perpétuité de par la force et l'ampleur des cycles démographiques, technologiques et sociaux qui les sous-tendent. Il est difficile de mesurer le cycle technologique, de même que le cycle démographique, mais il est clair que ces derniers ont un lien explicite avec le niveau de croissance et les évènements sociaux en général. L'état de nos sociétés suit des logiques bien plus déterminées que nous ne pouvons le concevoir, car généralement, ignorer ces déterminations, c'est croire en leur absence. La croissance à long terme fournit une régularité plus importante que ce que nous pouvons imaginer, a priori. Ainsi, il nous est possible de projeter légitimement le niveau de vie dans un siècle, tout comme les dates à risque dans les prochaines décennies. La question de projeter le niveau de vie dans un siècle sur la base des grandes dynamiques statistiques et cycliques n'intervient pas sans quelques anticipations sociales, politiques, géographiques ou géopolitiques.

CHAPITRE 10

Sur la question de la liberté économique

« Le problème du contrôle intervient également dans le cadre de l'économie, où les choses sont plus complexes. Le contrôle ne s'exerce pas à travers un seul barrage, mais à plusieurs niveaux qui peuvent être relativement indépendants et même agir en sens inverses[78]. »

— Benoît Mandelbrot

Finalement, nous tenterons dans ce chapitre de comprendre comment le modèle économique s'est transformé avec les cycles économiques. Bien sûr, ce chapitre s'inscrit dans une forme très extérieure et assez différente du reste de l'ouvrage, mais nous pensons aussi juste de porter un jugement général. Si les premiers auteurs sur la question des cycles économiques ont très tôt compris la régularité des évènements humains et des transformations, nous voyons clairement que chaque cycle de croissance transforme profondément les valeurs et le comportement des individus. Il est toujours stupéfiant de voir avec quelle précision les économistes et les penseurs du XIXe siècle et du XXe siècle ont entrevu très exactement nos conditions actuelles. Ce ne sont pas des prédictions hasardeuses qui ont été faites, mais bien des écrits qui rappelaient la raison du Temps.

Ainsi, la régularité dans le rythme de la croissance implique la transformation du corps social. Nous ne pouvons que rappe-

---

[78] *Fractales, hasard et finance* (1997), page 162, Benoît Mandelbrot (1924-2010).

ler le rôle absolument central des innovations dans la croissance économique, de sorte que tout progrès ne peut passer que par une dépendance matérielle plus grande. Mais la présence d'une croissance économique implique aussi des surplus toujours plus importants. Les surplus économiques générés par l'activité économique sont considérables, ce qui implique qu'il faut relativement peu de temps de travail pour de nombreux loisirs. Ainsi, le succès du capitalisme devait inévitablement mener à des surplus que l'homme utiliserait pour ses loisirs, ses plaisirs, et aussi ses pulsions meurtrières. Toutes ces activités relèvent du corps de l'État et moins du corps de la religion, qui, par nature, se détache des considérations matérielles. Des excès monstrueux sont nés du totalitarisme au XXe siècle, tandis que la société qui s'est construite depuis l'après-guerre est restée étatique tout en étant individualiste. Pour certains, nous assistons au prolongement de la substitution de Dieu par l'État, de l'esprit par la matière. Désormais, il est clair que les États sont à la limite de franchir un nouveau seuil dans la domination. Il ne s'agit plus seulement d'intervenir sur le régalien, ni sur le social, mais sur les comportements économiques et sociaux des individus.

L'enjeu du XXIe siècle est certainement le contrôle des individus et des flux, et de juger en termes de restrictions des libertés et de contrôle des loisirs. Il nous paraît que la liberté économique se réduit à mesure que le cycle économique avance, ce qui correspond aussi à une règle des cycles traditionnels. Gaston Georgel écrivait très justement qu'«*à la fin du cycle, il n'y a plus que tyrannie et servitude, la liberté n'existe plus*».

Nous pourrions extrapoler, en affirmant que les gens de ce siècle sont bien misérables pour être nés riches. Ainsi, l'État est naturellement considéré comme la seule entité qui puisse porter le bien en ce monde. Mais ce serait ignorer les maux du dictat. Nous devons dire que la croyance dans les pouvoirs illimités de l'État s'accroît à mesure que le lien de dépendance économique est grand. Par ailleurs, la croyance dans l'État ne serait rien sans la science et les possibilités de contrôle qu'elle ouvre. C'est alors que partout un sentiment s'installe dans les nouvelles générations : un sentiment permanent de culpabilité d'être né riche par cupidité plus que par sacrifice, un sentiment de détruire la planète plus que de construire le monde, un sentiment de ne plus être à sa place dans la grande Histoire... Comme souvent, nous assistons à une évolution dans les valeurs et dans la structure du corps social d'un cycle long à l'autre. Ainsi, nous plaçons sous le terme de liberté sociale des idées qui ne relèvent que de l'asservissement de l'esprit par la dépendance matérielle.

Après tout, la recherche de la liberté sociale est un grand bienfait. Mais elle devient dangereuse et menaçante lorsque la liberté sociale ne s'accompagne pas de libertés économiques. Ce paradoxe dans les générations actuelles pourrait mener le XXIe siècle vers un péril humain. Nous ne pouvons pas à la fois être affranchis des jugements des autres (liberté sociale) et dépendre entièrement de la matière économique (planification économique). Nous ne pouvons pas nous prétendre libérés des codes sociaux si nous sommes constamment dépendants de biens et de services qui nous sont distribués par le gouvernement (indirectement par la taxation, subventions et normes, ou directement par la planification et le monopole). Comme l'écrivait si bien Benoît Mandelbrot, la logique du contrôle n'implique pas toujours la coercition, et elle revêt souvent les habits de l'affranchissement. Sans liberté économique, la liberté sociale n'a pas de sens, à moins que les institutions politiques se transforment vers un modèle résolument autoritaire. La recherche de la liberté sociale complète suppose un contrôle économique total. Or, par là même, la liberté sociale serait détruite par le pouvoir politique qui ne disposerait pas des ressources économiques suffisantes pour assurer la liberté de tous, et en viendrait à discriminer sa population.

Aussi, la Liberté, depuis la Révolution, avait été érigée en loi suprême de l'Homme. Et à ce titre, le mot même de France signifie Liberté. Dans le français du Moyen Âge, «*franc*» signifie libre[79]. Les Français sont français car ils sont libres, tout simplement. Si, par un concours de circonstances, les Français ne disposent plus de cette liberté originelle et principielle, la France dans son essence cesse d'exister, comme on l'a déjà observé dans le passé. Ce n'est pas pour rien qu'on assiste aujourd'hui à une crise de l'identification à la nation. Bien que la nation concorde avec un accroissement du développement matériel, il est aussi manifeste que la nation participe malgré tout à une continuité dans les valeurs.

Les écrits qui s'opposent à la Liberté sont aujourd'hui innombrables, et les actes politiques qui vont à son encontre sont d'une brutalité indicible. Pourtant, nous avons tout oublié des bienfaits de l'individu, en cela que l'individu est devenu si prépondérant que nous ne le distinguons plus dans sa singularité. Nous parlons bien de la «Liberté», et non de la simple «liberté». La Liberté au sens profond suppose la liberté de la matière (circulation des personnes, des biens, des capitaux), mais aussi un certain sens du devoir et de la fatalité pour en jouir. La bonne Liberté est celle qui profite aux hommes qui sont guidés par un sens du devoir et de la fatalité, celle qui assure l'innovation, la propriété, et

---

[79] En allemand, «franc» correspond à *frei* («libre»), de même qu'en anglais (*free*).

le respect des institutions. Lorsque la liberté n'est plus que loisir et affranchissement au destin, le respect des institutions n'existe plus, le contrôle devient nécessaire, et la Liberté authentique disparaît nécessairement.

Il y a deux libertés qui se sont succédé dans nos sociétés : la Liberté qui suppose le sacrifice physique et moral pour se libérer de sa condition, et la liberté loisir qui suppose le relâchement de tous les codes moraux et accroît la servilité du peuple. Cette liberté servile sera toujours inférieure à la Liberté authentique qui suppose le sacrifice de soi[80]. De par la continuité du rythme de croissance, c'est malheureusement cette dernière liberté qui gagne les sociétés. Non pas que le loisir soit blâmable, au contraire, mais les conséquences d'une société fondée sur le loisir sont désastreuses à bien des égards. Ainsi, les loisirs constitueront demain une source considérable d'inégalité. Il y aura ceux qui travailleront, par contrainte ou par passion, et ceux qui se divertiront. La technologie accentue une rupture entre « *les élites* » toujours plus rares[81], au sens originel de ce mot, et « *la masse* » accaparée par le loisir et le divertissement matériel.

Une autre question retient notre attention. Celle de l'égalité, ou plutôt de la phobie des inégalités. Car le désir d'égalité est très différent de la phobie des inégalités. D'un point de vue purement économique, et si nous avons recours à l'étude des cycles, nous observons qu'une société parfaitement égalitaire serait une société sans liberté. Ainsi, prenons une économie dans laquelle tout le monde touche le même revenu au même

---

[80] « *Souviens-toi que changer d'avis et obéir à celui qui te redresse, c'est encore faire acte de liberté* », Marc Aurèle, *Pensées pour moi-même*, livre VIII.
[81] Les élites sont celles qui jouissent de la Liberté, le sacrifice de soi pour s'élever au-delà des contraintes matérielles.

moment, réalise ses transactions au même moment, meurt au même âge, dans le même logement, etc. Dans cette perspective, qui n'est pas si inconcevable dans notre société actuelle, il n'existe aucune variation des flux économiques. Le régime de croissance, d'inflation et de production est absolument constant. En d'autres termes, l'égalité totale, c'est l'absence de cyclicité de l'économie. Ce n'est pas pour rien que les Soviétiques ont qualifié la théorie de Nikolaï Kondratiev sur les cycles comme étant «*directement opposée aux fondements de la thèse marxiste concernant l'inévitabilité des crises économiques dans le système capitaliste[82]*». Par cela même, dans une société absolument égalitaire, aucune innovation ne peut se diffuser, ni aucun progrès d'ordre économique ou social, et la société serait bientôt bloquée d'elle-même et contrainte par les cycles naturels, les guerres et les idéologies.

Au sujet de la répétition des évènements et de l'existence des cycles, Karl Marx écrivait que «*l'Histoire se répète, la première fois comme tragédie, la deuxième fois comme farce*». Nous retrouvons dans ces mots la réticence de la thèse marxiste face à l'inexorable retour des crises et de l'importance de ces crises dans la survie du capitalisme.

Ainsi, l'inégalité n'existe que si nous statuons l'égalité en principe. Or, la survie même de la société, par la production de ressources, suppose pour fonctionner correctement la recherche d'un équilibre qui favorise plus ou moins la cyclicité de l'économie. De ce fait, les castes existent toujours en Inde, et pourtant elles peuvent paraître plus inégalitaires encore que le système monarchique. Mais les castes sont loin

---

[82] Ces extraits de la Grande Encyclopédie Soviétique sont repris dans le livre *Long-Wave Rhythms in Economic Development and Political Behavior* (1991), page 17, Brian Berry.

de disparaître, car précisément, le désir d'égalité n'est pas nécessaire en Inde au bon fonctionnement d'une société. L'égalité absolue, en plus d'être subjective, est souvent injuste. À ce titre, ce n'est pas tant le désir d'égalité qui règne dans nos sociétés, car l'égalité est par définition inatteignable. C'est plutôt la haine des inégalités qui désigne couramment ce que nous pensons proclamer comme étant *« l'égalité »*. En France, le système égalitariste est à l'origine d'une perte considérable d'efficacité économique. Les ressources sont réparties selon des critères politiques, subjectifs et arbitraires. Sans inégalités, il n'y a pas d'incitations à l'innovation, au progrès et à l'accumulation nécessaire à toute entreprise d'amélioration des conditions de production. Nous arrivons donc à rappeler une règle intrinsèque à l'économie, selon laquelle il n'y a pas de croissance sans cycle économique. Le mouvement économique n'est pas figé dans le temps, et les plus petites inventions peuvent déterminer l'essence même des sociétés de demain. Mais pour ce faire, l'économie doit s'insérer dans une trajectoire et dans une temporalité, de sorte que chaque époque et chaque industrie ait son heure de gloire, jusqu'à ce que le temps rappelle bientôt à l'ordre ce qui paraît bientôt démodé et inefficace.

En outre, le salariat, qui représente 87 % des personnes en emploi en France en 2022, a joué un rôle majeur dans la dynamique économique. Le salariat est une chose bien perverse quand elle est généralisée à la société, car elle limite systématiquement et socialement, les possibilités pour les individus de s'étendre dans toute la potentialité de leurs talents. À l'origine, le salariat est une forme du travail dénuée de liberté, et bien que très protégé aujourd'hui, il reste une négation profonde des possibilités humaines. Il est assez intéressant de voir que, depuis la fin du dernier cycle de Kondratiev, nous ne comptons plus les salariés qui se sentent limités dans leur mode de vie. Le salariat accroît la précision et la régularité des dynamiques économiques car l'indépendance des individus est niée, et le travail devient un flux tendu dénué de personnalité. Mais nous devons toujours rappeler que, dans l'histoire humaine, le salariat est une sorte de forme anormale de travail. Nikolaï Kondratiev avait montré en son temps une règle toujours valable, selon laquelle l'agriculture connaît de forts déclins lors des phases ascendantes du cycle long. En 2017, l'agriculture ne représente plus que 1,6 % de la population active en France. Les chefs d'entreprises, les commerçants et les artisans suivent, avec 6,5 % de la population active. Le dernier cycle économique a marqué le déclin, au sein du salariat, de la part des ouvriers et des employés. Cependant, les professions intermédiaires, les cadres et les professions intellectuelles ont progressé en effectif. Dans ces conditions, nous observons que le salariat tend encore à se libérer, mais il est clair que la moyennisation de la société devient prépondérante. Par ailleurs, il est troublant de voir que la courbe du nombre de non-salariés corrèle parfaitement avec le cycle de Kondratiev. Depuis 2000, la proportion d'emplois non-salariés (indépendants) en France a doublé, passant d'environ 2 millions en 2000 à plus de 4 millions en 2021 d'après l'Urssaf. Mais le salariat reste malgré tout dominant. Le cycle long produit également des transformations dans les secteurs économiques, avec le déclin de l'industrie et de l'agriculture en Occident, qui nous semblent assez explicites pour ne pas être mentionnées.

Mais à mesure que le désir d'un nouveau statut se diffuse dans la société avec la décentralisation des moyens de production (informatique, intelligence artificielle, etc.), le contrôle sur les populations est bien effectif car le besoin de capter les surplus n'en est que plus prégnant. Des conséquences irrémédiables se dessinent sur les pays où l'État Providence est le plus inefficace. La France est classée à la 25e position en termes de revenu par habitant, 80 % sous le revenu par habitant des États-Unis, et près de 2 fois sous le niveau de vie suisse. La France était à la 13e position pas plus tard que dans les années 1980 en termes de revenu par habitant. Cet appauvrissement relatif est considérable, et tout à fait déplorable. Mais c'est un sujet tabou en France, car aborder ce déclassement serait mettre la France face à ses véritables problèmes (absence de liberté d'entreprendre, fiscalité, mauvaise gestion des ressources et des comptes publics, systèmes sociaux inefficients...). Le problème de la France, c'est que l'offre productive est comprimée. L'accaparation des surplus de la production économique est devenue une activité, un devoir moral[83].

Nous avons montré la structure de la population active, mais une réflexion très intéressante émerge lorsqu'on calcule le nombre de personnes qui dépendent directement ou indirectement des dépenses publiques. Le tableau suivant résume le nombre de personnes qui dépendent directement ou indirectement des activités publiques, de la solidarité, de l'éducation, de l'administration, ou tout simplement du revenu d'autrui via la redistribution. Nous ne faisons ici aucun jugement positif ou négatif sur ces chiffres. Nous montrons seulement le fait que près de 54 % de la population française dépend directement ou indirectement des dépenses publiques. La majorité de la population dépend en France des surplus économiques, comme l'avait entrevu John Maynard Keynes un siècle auparavant. En outre, il est alors intéressant

---

[83] Soulignons à ce titre l'origine du mot « *imposteur* ». L'imposteur est né de celui qui prélève l'impôt. Imposteur et impôt dérivent du latin *imponere* qui ne désigne rien d'autre que le fait « *d'abuser de quelqu'un* ».

de noter que la majorité de la population est «*rentière*» d'État (services publics, pensions, allocations, assurances, aides diverses...), tandis que les rentiers propriétaires, pourtant minoritaires, sont très mal vus. Nous pouvons seulement nous réjouir du fait que le progrès économique permet à la majorité de la population de ne pas produire directement. Mais les risques sont évidemment ceux de voir cette majorité conforter ses intérêts, telle une caste d'État. Il est probable que cette caste d'État n'ait pas seulement tué la bourgeoisie, elle l'a remplacée[84].

Part de la population liée directement ou indirectement aux dépenses publiques. France 2022. *Source données : Insee.*		
Catégorie	Population	Proportion de la population
Chômeurs	2 252 000	3,31 %
Moins de 15 ans	11 175 000	16,43 %
Étudiants	2 970 000	4,37 %
Fonction publique	5 700 000	8,38 %
Retraités	14 400 000	21,18 %
Total	**36 497 000**	**53,67 %[85]**

[84] Prenons l'exemple de la représentation à l'Assemblée nationale. Tandis que les grands bourgeois ont déserté l'hémicycle, les cadres et en particulier ceux du public sont surreprésentés.

[85] Nous retrouvons ici des taux proches des prélèvements obligatoires rapportés au PIB. De ce fait, un travailleur du privé aura une utilité sociale considérable du fait que l'équivalent de plus d'une personne dépend de lui à travers les institutions publiques. Ce qui est le plus discutable, c'est cette volonté systématique de faire intervenir l'État dans la distribution des surplus. Ce qui n'était pas le cas dans le passé.

On ne coupe jamais la main invisible qui nous nourrit ; mieux, on veut la contraindre à nous gaver encore. D'où il s'ensuit que les phases ascendantes du cycle long traduisent aussi un accroissement de la part de la population qui dépend des surplus primaires. Bien sûr, il ne s'agit pas pour nous d'affirmer que l'éducation, la santé, la sécurité et de nombreux autres services ne sont pas indispensables. Néanmoins, lorsque plus de 31 % de la richesse nationale est dédiée à des dépenses sociales, c'est un autre débat.

Nous avons relevé au début de ce chapitre une phrase tirée du mathématicien Benoît Mandelbrot. Il rappelle que le contrôle économique ne passe pas seulement par la coercition et la contrainte, mais aussi par un ensemble de libertés, d'innovations et de transformations qui peuvent exprimer pleinement les potentialités du cycle économique. Réciproquement, une société peut très bien se contrôler d'elle-même à mesure que l'économie est efficiente, en cela même que la prospérité qui en découle diminue la violence et les discours envieux de contrôle et d'accaparation des politiques. En clair, la liberté économique permet un contrôle de la société par elle-même, en ce qu'elle constitue un moyen d'accomplissement et de direction de la société. Or, cette vision purement raisonnable des choses n'est plus la norme, elle est désormais l'exception.

Nous nous dirigeons progressivement et probablement vers un sommet du cycle long de Nikolaï Kondratiev, qui devrait très certainement se produire entre 2030 et 2040 au plus tard. La guerre en Ukraine constitue par ailleurs une nette prémonition de ce qui risque d'advenir d'ici 10 ans, et après. Dans le même temps, une série de problèmes démographiques[86] vont nous exposer dans la deuxième moitié du XXIe siècle à un phénomène sans précédent dans notre civilisation. Ces scénarios nous mènent à négliger le rôle de l'innovation entre 2030 et 2050. Il est cependant probable qu'une nouvelle technologie majeure, qui est aujourd'hui au stade embryonnaire, constitue le moteur de la croissance économique d'après 2050-2060. C'est à ce moment que les institutions auront peut-être besoin d'un regain de liberté et de dynamisme. La plupart des révolutions et des grands changements institutionnels interviendront probablement quelque part autour du prochain point bas du cycle de Kondratiev. Nous pourrions cependant supposer que la décennie des années 2030 marquera une grande réunion internationale qui ne portera pas véritablement ses fruits comme ce fut le cas avec le congrès de Vienne en 1815, l'union latine en 1865, le traité de Versailles en 1919... Il est aussi très probable que les démocraties, ou plutôt les restes qui subsistent aujourd'hui de la démocratie et du capitalisme, soient complètement étrangers au monde de 2100. Même si ce modèle serait certainement plus profitable que le modèle actuel, le risque est celui de l'aliénation des générations futures qui seraient privées du droit naturel, inaliénable et sacré, de la propriété. L'accumulation encore plus importante de surplus pourrait mener à une nouvelle forme d'État, qui, dans sa forme républicaine et nationale, arrive aux limites de son propre pouvoir. Bien que ces projections soient relatives aux possibilités du cycle de Kondratiev, cela ne nous paraît pas incohérent. Ce chapitre a déjà montré assez de généralités.

---

[86] Nous entendons ici surtout les problèmes inquiétants de fertilité des hommes surtout en Occident, tout comme la modification des pratiques sociales en matière de natalité et de mariage, qui menacent directement la prospérité démographique.

La question de la forme future de nos États est d'autant plus importante que, comme nous l'avons montré, ce sont les principaux agents économiques du cycle actuel. Nous terminerons donc par nous intéresser à un symptôme de nos sociétés : *pourquoi l'accroissement des recettes publiques se traduit par la dégradation des services publics ?*

Cette question est relativement scientifique, et une approche statistique suffit a priori à nous convaincre du bien-fondé de la théorie de Laffer. En effet, les dépenses publiques n'ont pas la même efficacité selon qu'elles sont dépensées dans une économie peu étatisée ou ultra étatisée. En d'autres termes, on ne peut pas embaucher toute la population comme fonctionnaire, tout comme on ne peut pas taxer à 100 % ses citoyens. Ainsi, la courbe de Laffer désigne le mécanisme par lequel toute nouvelle hausse d'impôt implique en réalité une contraction de l'activité et, par conséquent, une diminution des recettes publiques. De l'autre côté, la dépense de 100 € supplémentaires par l'État n'aura pas la même efficacité selon que les dépenses initiales sont de 1 000 € (10 %) ou de 10 000 € (1 %).

Cette question est d'autant plus sensible que les recettes publiques pour le cas de la France frôlent les 50 % du PIB. Ce dont trop peu de gens se rendent compte. Avec un tel taux de prélèvement, la France devrait bénéficier d'une prospérité économique à toute épreuve, d'une compétitivité redoutable, de fonctionnaires qualifiés, d'universités à la pointe de la recherche… Mais cela n'existe que dans la démagogie. Et aucune nouvelle dépense publique n'a jamais bénéficié à personne s'il est évident que cette dernière ne revêt que les habits de l'arbitraire, de la ponction et de l'usure. Il est clair que les dépenses publiques n'ont pas la même efficacité dans les différents pays, et il apparaît même que ce sont parfois les pays qui bénéficient de conditions fiscales raisonnables, voire avantageuses, qui ont la plus grande prospérité.

Nous poursuivrons notre propos par comparer le niveau de croissance économique en France (axe vertical sur le graphique ci-après), et la valeur des recettes publiques au PIB. L'ensemble des données ont été récoltées depuis 1960 jusqu'à 2021. Nous remarquons clairement qu'en général, un accroissement des recettes publiques au PIB (du taux de prélèvement) implique une diminution du rythme de croissance économique.

Bien sûr, corrélation n'est pas détermination. Mais le fait qu'on observe cette relation dans de nombreux pays tend à démontrer qu'il y a au moins partiellement une forme de détermination (coefficient de détermination de plus de 40 % dans notre exemple). Il existe donc bien a priori une relation de Laffer dans la plupart des pays développés[87]. De même, l'étude empirique de la relation entre l'endettement public et les gains de productivité rend « *crédible* » l'existence effective d'une diminution des gains de productivité lorsque l'endettement public augmente[88].

---

[87] Soulignons l'étude sur 22 pays de Patrick Artus, *La structure de la fiscalité dans les pays européens, l'investissement et l'emploi*, 3 mai 2023. Le taux d'emploi augmente avec des impôts indirects, de production, et des cotisations plus faibles, mais augmente avec des impôts directs plus élevés. L'inefficacité des prélèvements est d'autant plus grande que les dépenses sociales sont grandes.

[88] *L'endettement public peut-il être la cause du ralentissement de la productivité ?*, 30 mai 2023, par Patrick Artus, publié sur Natixis Research.

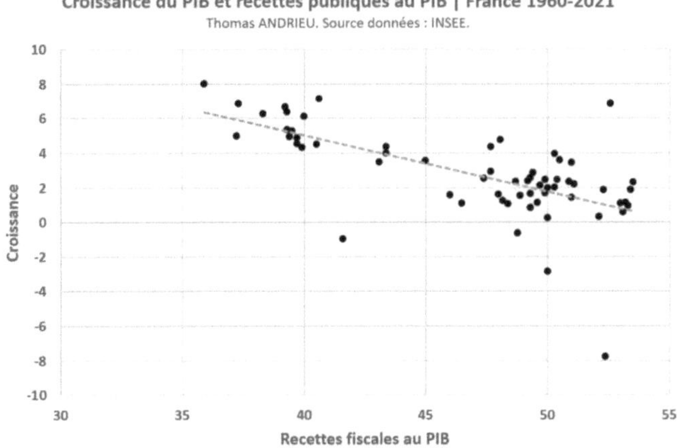

Mieux, le lien entre la croissance et les recettes publiques au PIB nous permet d'élaborer une «*courbe de Laffer*» théorique pour le cas de la France. Techniquement, on considère que la régression linéaire observée précédemment représente la dérivée de la courbe de Laffer. Nous en concluons que le taux de prélèvement de l'économie française à partir duquel toute hausse d'impôt génère *de facto* une baisse des recettes en raison de la baisse d'activité serait proche de 55 %. C'est-à-dire que si le secteur public prélève plus de 55 % de l'économie, cette dernière déclinera progressivement.

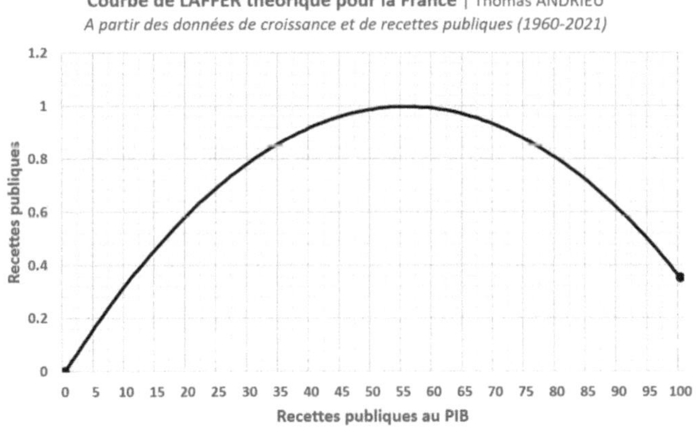

En prenant en considération la variabilité de la relation croissance/recettes publiques, on peut aussi avancer qu'un taux de prélèvement supérieur à 40 % ou 42 % est déjà source de fragilités économiques importantes. Par conséquent, nous comprenons mieux pourquoi un taux de prélèvement relativement élevé (supérieur à 27,5 % dans notre exemple) implique une efficacité toujours plus faible de la dépense publique. Toute nouvelle hausse d'impôt devient alors à chaque fois plus inutile et vaine, et revêt de plus en plus les habits de la ponction sur la productivité du secteur privé. Cela explique pourquoi la France, dont le taux de prélèvement et sa certaine hostilité au commerce sont très marqués, possède des services publics de faible qualité. L'efficacité de toute nouvelle dépense publique est toujours plus faible, et il arrive un point où elle autogénère bientôt la misère et la ruine.

Cette observation se traduit dans les faits, puisque le déficit de la balance des paiements courants s'élève à près de 54 milliards d'euros en 2022, principalement expliqué par la chute des gains de productivité en France. Une fois de plus, avoir la plus haute dépense publique ne permet pas d'avoir les meilleurs hôpitaux, les meilleurs services publics, les meilleures universités, etc. La citation mentionnée du mathématicien Benoît Mandelbrot décrit exactement ce que les faits nous laissent voir ces dernières décennies. L'État, dont l'aspiration profonde est le contrôle de la société dans les limites du possible dans des objectifs louables ou dénonçables, peut paradoxalement perdre le contrôle de la société en devenant trop contraignant. La contrainte et la régulation ne sont que des caractéristiques particulières du contrôle. Par conséquent, le meilleur contrôle consiste parfois à laisser les individus libres de leurs aspirations et de leurs activités; de sorte, chaque individu se soumet bientôt aux institutions pour assurer son propre accomplissement dans les échanges économiques, moraux, etc. Il vaut mieux toujours la contrainte libre et acceptée que la contrainte forcée et autoritaire.

Car de la même manière que nous ne pouvons pas faire prospérer un pays à la force des luttes sociales, il y a souvent dans l'intérêt d'État une chimère bien rodée par les pulsions collectivistes. Nous ne pouvons pas affirmer que le Cambodge, l'Éthiopie ou le Zimbabwe sortiront de la pauvreté en augmentant seulement les salaires, ou en règlementant un marché inexistant.

La condition préalable et nécessaire à la moindre prospérité est la concentration du capital, qui est la clé de la dynamique économique capitaliste, et du cycle économique. La concentration du capital a toujours accru la préférence temporelle pour l'avenir, valorisant ainsi le prix du travail à court terme, augmentant les capacités d'investissement, de productivité, et améliorant les conditions de travail. La Suisse, le Luxembourg ou les États-Unis voient leur niveau de vie augmenter plus vite que la vieille Europe pour les mêmes raisons que ces pays sont connus. Mais une fois ce niveau de prospérité et de liberté atteint, la tâche la plus ardue consiste à la conserver, car bientôt une horde d'administrateurs et de politiciens, soutenus légitimement par l'opinion, chercheront à accaparer les surplus dont ils ignorent tout ou presque de leur genèse. L'amour de l'argent est une condition préalable à l'amour de l'État. Nous le redisons, le désir de liberté sociale est louable et idoine, mais l'unique, nécessaire et préalable condition a toujours été celle de la liberté économique. La Chine d'aujourd'hui ne déroge pas à ce préalable. À défaut, l'État sera bientôt une machine à générer de la misère, de la dépendance et de la servitude, et plutôt que d'y voir les problèmes des maux publics, nous verrons plus que des désajustements de marché, et l'on réclamera encore plus d'État, de dépendance, et on se plaira à blâmer les véritables mains qui nous nourrissent.

Enfin, il est utile de rappeler que le clivage entre le capitalisme et le communisme est complètement obsolète dans ce nouveau cycle long. D'une part, car nous ne vivons pas dans une société capitaliste au sens où la classe moyenne représente la majorité, et où on ne peut véritablement distinguer les « *capitalistes* » et les « *prolétaires* ». Souvent d'ailleurs, le salariat procure un niveau de richesse plus grand que les indépendants laissés pour compte. D'autre part, car notre société revêt sur de très nombreux aspects les symptômes du socialisme : hausse des dépenses publiques, des règlementations en tous genres, du nombre de lois et d'institutions, hausse des prélèvements à long terme... Par suite, nous ne vivons ni dans une société formellement capitaliste, ni plus évidemment dans une société communiste.

Nous touchons ici à un des maux de notre société. Les idéologies qui la composent décrivent un monde inexistant, vide. Une autre remarque advient. D'un côté, les « *communistes* » du passé, ou les interventionnistes, ne renverseront jamais l'État car ils en sont trop dépendants. De l'autre côté, les capitalistes ne renverseront pas l'État car il confère au capital une rente de création monétaire, et les conditions de production, bien que très dégradées, sont étroitement liées aux affaires politiques. Dès lors, le moyen le plus probable d'assister à la régression de notre société, ou à l'achèvement du rôle de l'État dans le prochain cycle long, est d'observer effectivement les symptômes de Laffer. Mais nous sommes aussi d'avis à préciser que toute société, dans sa forme ou dans son histoire, est légitime à revêtir le régime qui lui convient. C'est-à-dire que la forme actuelle de nos sociétés résulte irrémédiablement du passé et, de fait, prétendre changer des choses qui appartiennent à un ordre du domaine temporel est évidemment une illusion de tous les instants présents. Cela implique aussi que nos considérations politiques, influencées par le passé, méconnaissent *a priori* la finalité de l'histoire de la concentration du pouvoir économique par les États. Nous voyons donc dans les États, et les logiques perdues de liberté et d'égalité, une expansion d'un pouvoir d'un nouvel ordre, fondé sur l'autorité, l'extériorité et l'inefficacité. Mais cela ne serait que mieux annoncer la fin du concept d'État lui-même.

Il est enfin troublant d'observer, quoi que puisse être notre opinion à cet égard, une correspondance entre l'enseignement traditionnel des cycles sur «*l'exaspération de la tendance impériale inaugurée il y a bientôt vingt-trois siècles par le plus grand capitaine de l'histoire, Alexandre*[89]», jusqu'au XXIᵉ siècle, et les faits qui ont été exposés. Dans l'enseignement cyclique traditionnel de la cosmogonie hindoue, des cycles de 2 400 ans se succèdent, chacun correspondant à une des trois périodes successives (divine, sacerdotale, et impériale ou royale). Le XXIᵉ siècle apparaît être, sous une sensibilité traditionnelle, comme l'atteinte des limites du régime «*impérial*», fondé sur le pouvoir temporel et l'autorité politique. C'est précisément ce que les faits énoncés dans ce chapitre tendent à confirmer. Il y a donc bien un sens proprement et traditionnellement cyclique, en plus de la logique du cycle long de l'économie, à l'extension des pouvoirs de l'État jusqu'aux limites du possible. Cela signifie aussi, à plusieurs égards, qu'à partir des deux derniers tiers du XXIᵉ siècle, le modèle de l'État tout-puissant et impérial devrait décliner progressivement et deviendra, pour l'écrire ainsi, «*impopu-*

---

[89] Gaston Georgel, *Les Quatre Âges de l'Humanité* (1976), page 90.

laire ». Par conséquent, il est tout à fait concevable que dans un millénaire, l'État, dans sa forme actuelle, soit à son tour considéré comme une « *morbidité quelque peu dégoûtante* ».

Pour l'exprimer symboliquement, l'État revêt aujourd'hui les vêtements que l'Église a empruntés à Dieu. Tout cela s'accorde avec des considérations traditionnelles sur les cycles, qui sont suffisamment complexes pour ne pas être expliquées ici. Nous terminerons donc notre chapitre par les mots suivants, qui nous semblent appropriés de réflexion sur la liberté dans le rythme des évènements. Si le terme de liberté doit être entendu ici dans son acceptation la plus pure, une certaine pertinence se détache.

> *« Au début d'un cycle, la liberté existe. Il n'a pas encore d'Histoire, donc pas de Destin pour enchaîner les hommes : c'est l'Âge d'Or. Mais dès qu'un premier acte a rompu l'équilibre primordial, aussitôt se déclenche une série de répercussions rythmiques, qui va en s'amplifiant d'âge en âge au fur et à mesure que de nouveaux actes provoquent de nouvelles réactions, et que s'accumulent sans répit les coutumes et les routines, les règlements et les lois, les rancunes et les haines; et les chaînes du Destin entravent toujours plus étroitement la marche de l'humanité. À la fin du cycle, il n'y a plus que tyrannie et servitude, la liberté n'existe plus[90]. »*

> — *Gaston Georgel*

---

[90] *Les Rythmes dans l'Histoire* (1976), page 187, Gaston Georgel.

Conclusion

« On ne se souvient pas de ce qui est ancien ; et ce qui arrivera dans la suite ne laissera pas de souvenir chez ceux qui vivront plus tard. »

— Ecclésiaste, 1.11, Ancien Testament

Voilà ce qui doit véritablement guider notre conception des cycles : la possibilité d'envisager un monde qui ne serait pas à notre grandeur, qui ne serait pas contrôlable, mieux encore, un monde qui serait lui-même déterminé pour investiguer en permanence dans ce sens. Les évènements de ce monde sont une simple manifestation d'une chaîne plus complexe et plus grande que ce que l'observation humaine nous laisse entrevoir. Dans tous les âges, il est impressionnant de voir avec quelle régularité agissent les évènements et les crises. Nous pouvons déjà entrevoir, et seulement entrevoir, selon l'expression stoïcienne dédiée, que *« les cycles du monde sont toujours pareils, en haut comme en bas, d'un siècle à l'autre »*.

La cyclicité n'a pour autre secret et humilité que d'affirmer qu'il existe effectivement dans les processus humains des formes matérielles, plus ou moins visibles, de dépendance au temps. Ce n'est pas nous qui traversons le temps, c'est le temps qui nous traverse. *« Tu seras repris, par transformation, dans sa raison génératrice »*, disait Marc Aurèle.

Nous avons introduit dans le premier chapitre les raisons profondes qui expliquent le manque de connaissances générales en ce qui concerne les cycles. Nous sommes conscients que les cycles s'inscrivent en dehors du champ intellectuel habituel, et qu'un siècle après William Gann, rien n'a véritablement changé dans le fait que «*le grand public n'est pas encore prêt pour les cycles*». Des économistes ont parfois donné leur vie pour réaffirmer cette vérité, mais l'état de nos sociétés est parfois bien trop déterminé pour être accepté comme tel. Tous ceux qui étudient sérieusement les cycles sauront ce qu'il y a de vrai là-dedans. Ce livre s'en est voulu le prélude. De ce que nous avons écrit, il paraît clair, au moins pour certains d'entre nous, que les cycles appartiennent à ce qui est proprement inexprimable. Nous rappelons simplement que toute personne désireuse de comprendre les cycles ne peut se contenter des évènements extérieurs[91]. Nous ne pouvons pas expliquer l'économie par l'actualité d'évènements plus ou moins importants mis en relation entre eux. L'économie expliquée par l'intermédiaire des évènements revient à peindre une image figée du présent dans laquelle les interactions humaines n'ont aucune origine, ni aucune finalité. Ce qui est totalement absurde à notre esprit.

Les cycles sont un ordre invisible, et bien que cet ordre ne soit pas aussi parfait que le cosmos (les cycles des astres par exemple), il n'est pas entièrement chaotique. Dans la Grèce antique, Chaos est le dieu primordial, celui qui précède la lumière et l'Univers. Pour l'écrire ainsi, les cycles naissent symboliquement du chaos, d'une impulsion primordiale et centrale, mais ils se prolongent dans le cosmos en ce qu'ils sont l'expression d'une dynamique ordonnée et, parfois, prévisible. Les cycles économiques et financiers sont donc véritablement des cycles qui se situent entre le chaos et le cosmos[92].

---

[91] Nous entendons notamment par-là les évènements relayés par des médias, tels une suite de «*phénomènes économiques*» indépendants les uns des autres, et extérieurs à toute logique dynamique.

[92] Soulignons à ce titre notre distinction entre cycles transversaux et longitudinaux. Ce qui est transcendant et ce qui est horizontal.

De la sorte, chacun des cycles ne peut exister sans son précédent ni son suivant, et au final, un cycle supérieur s'élève au-dessus de tous comme une règle plus constante que ses parties. Cela suggère nécessairement que quelque chose ne peut se produire ou se répéter deux fois sans la présence ou le respect d'une condition génératrice indispensable. Mais nous en avons déjà écrit assez à ce sujet, car cela se retrouve mathématiquement (fractales). Si les cycles sont difficilement reconnus par les communs, ils sont pourtant observés à travers les mathématiques.

Ce qui a porté notre attention dans cet ouvrage, c'est l'observation des dynamiques cycliques sur les marchés. Il a été montré comment la théorie des cycles s'est construite. Contrairement à beaucoup de théories économiques ou sociales, les cycles cumulent d'innombrables auteurs, sur toutes les époques, dans tous les domaines, ayant légué des dizaines de milliers de pages, de démonstrations et de faits qui ne peuvent pas nous laisser indifférents. La théorie des cycles n'exprime pas seulement une théorie, elle exprime une branche entière de plusieurs domaines de la science. Notre travail a porté sur un bref aperçu des piliers de l'étude des cycles, comme Clément Juglar, William Stanley Jevons, Hyde Clarke, Samuel Benner, Joseph Kitchin, Nikolaï Kondratiev, Edward Dewey, Joseph Schumpeter, William Gann, JM Hurst, Benoît Mandelbrot, Brian Berry, Tony Plummer, Martin Armstrong, etc.

Nous avons tenté de donner brièvement un aperçu au lecteur de l'existence d'un Temps économique. En effet, il existe un certain ordre dans lequel les évènements économiques et financiers se répètent, et une grande dépression économique suit rarement une forte inflation. L'existence de quatre rythmes dans la dynamique économique montre une certaine pertinence, et l'extrême symétrie que nous observons dans la temporalité des évènements est un élément assurant formellement la force de cette approche. Les cycles longs de l'économie sont toujours effectifs au XXIe siècle. Une infinité de cycles gouvernent la direction de la dynamique économique, mais quelques-uns semblent se détacher plus clairement que les autres.

Les premiers cycles à attirer notre attention sont les cycles de Kitchin. L'identification des cycles courts est avérée sur les trois siècles qui nous précèdent, et leur grande pertinence à l'heure de la finance de marché montre une fois de plus leur nature universelle. L'étude mathématique nous permet de soutenir clairement leur existence. De la même manière, les cycles de Juglar trouvent leur origine dans la combinaison des cycles de Kitchin. La période des cycles de Juglar est sujette à plus de discussion, selon que nous envisageons des grands rythmes de croissance de 10 ans environ, ou des récurrences moyennes dans les récessions tous les 7 ans. Malgré tout, les cycles de Juglar apparaissent être les principaux composants de la dynamique économique.

C'est ensuite qu'interviennent les cycles longs, comme au-dessus de toutes les parties et puissants de leur durée. Les cycles longs ont même été identifiés, dans une certaine mesure, bien avant les cycles courts. La période des cycles longs est proche d'une cinquantaine d'années, et il a été exposé suffisamment de faits et de preuves pour convaincre le lecteur de notre position actuelle dans ce cinquième cycle de Kondratiev. Les cycles longs sont d'une force considérable, et ils semblent être soutenus par la détermination de nos sociétés à long terme.

Un autre fait incontestable qui atteste formellement de l'existence des cycles nous est donné par le génie des fractales. C'est l'apothéose de la science du rythme, et le moyen le plus clair de mesurer explicitement la dépendance au temps. Il est donc clair pour nous que la quasi-totalité des actifs et des variables économiques montre une dépendance au temps. L'effet Joseph, tel que le prédisait la Genèse, est véritablement un moyen de nous préserver des grandes tempêtes et de nous annoncer les grandes récoltes à venir. Le coefficient de Hurst est une des grandes avancées dans la compréhension et dans l'anticipation du comportement des marchés.

De ces faits, nous avons montré que les modèles cycliques sont plus proches de la réalité qui nous entoure. Il existe véritablement des «*limites invisibles*» dans l'évolution des marchés. De ce fait, une tendance ne peut pas être à la fois très récurrente et très ample, car bientôt, une anti-récurrence annoncerait l'arrêt et le retournement de la tendance. Cette démonstration empirique supplémentaire nous permet de comprendre véritablement pourquoi les tendances se répètent, et pourquoi finalement les cycles s'élèvent au-dessus du tout, telles des coupoles au-dessus de leurs colonnes. Une colonne peut parfois tenir d'elle-même, mais sans finalité et sans disposition, elle serait bientôt vouée à l'oubli et à la dégradation. La cyclicité est la clé de voûte des tendances humaines, sociales, économiques, financières et, par-dessus tout, l'agencement de leur persistance.

Nous retrouvons aussi dans les marchés financiers et dans les variables économiques un grand déterminisme dans l'évolution de long terme. Parfois, la symbolique circulaire y est explicite. Mais c'est dans les propriétés géométriques des cycles que nous retrouvons l'effectivité de leur manifestation. Nous avons ainsi exposé succinctement le principe des interférences cycliques, des lignes de démarcation, des principes de polarité et de translation, et bien d'autres choses qu'il serait trop long de mener au jour. Les cycles sont une branche à part entière de l'analyse technique, et l'application des cycles montre une fiabilité et une efficacité qui peuvent parfois relever du domaine de la totale finitude.

Enfin, notre troisième partie a cherché à comprendre les cycles sous un prisme symbolique, social, politique et philosophique. Notre propos a ainsi porté sur une question bien complexe, mais clairement énoncée dans les textes anciens. La question de la signification originelle de la monnaie, plus que la question utopique de l'origine elle-même, n'est pas seulement bouleversante, elle est absolument déterminante de l'état actuel de nos sociétés.

Il y a une profonde concordance entre les trois observations suivantes. D'une part, les enseignements traditionnels et millénaires sur les cycles relatifs à l'idée que les distinctions dans l'Âge actuel sont fondées par la seule apparence. D'autre part, il y a l'idée formulée dès Cassiodore et avant selon laquelle la dévaluation de la monnaie mène à l'asservissement d'individus libres, de sorte que pour maintenir sa liberté associée à son confort matériel, l'individu est prêt à se soumettre à celui qui manipule une monnaie dénaturée. Ensuite, il y a l'avènement plus récent des courants interventionnistes en économie, formulant très explicitement leur volonté de réduire la monnaie à une simple apparence extérieure dénuée de sens. Il est évident, dans ces conditions, que le tout nous paraît complété et cohérent pour conclure ce qui a été affirmé plus haut. C'est-à-dire que la monnaie symbolise dans sa nature même, matérielle et symbolique, les Âges et les cycles. Cette approche de la monnaie est évidemment étrangère à l'économie, et nous sommes conscients que notre propos ne correspond pas à la lecture de beaucoup de personnes de cette époque.

Nous percevons dans l'enseignement traditionnel des cycles une grande correspondance avec l'approche plus contemporaine qui a été détaillée. Aussi, la forme profondément étatique de nos sociétés pourrait être envisagée à son tour comme l'aboutissement de cycles anciens, et pour lesquels le raisonnement économique actuel nous laisserait deviner de minces indices. Nous ne mentionnerons pas à nouveau les dates qui nous paraissent stratégiques pour l'avenir. Le XXIe siècle montre malgré tout une prédisposition importante aux changements cycliques. L'étude de la démographie, de la structure de l'emploi et de la population active, de la part de la population inactive, et du poids des différents agents économiques, sont autant d'enseignements précieux pour qui sait les lire, dans ce qu'ils signifient et ce qu'ils annoncent.

Cet ouvrage a aussi esquissé une harmonie, non seulement entre les études mentionnées de différents auteurs indépendants, mais encore quant aux multiples applications que suppose « *la science du rythme* ». L'ouvrage a constitué trois parties successives, qui, chacune leur tour, ont progressivement illustré un principe de descente vers ce qui est plus extérieur, plus actuel, plus polémique, et plus concret. Aussi, nous avons placé dans la récurrence des chapitres la complétude du cycle dans la cosmogonie hindoue, de sorte que la conclusion s'élève au-dessus du tout. Mais nous devons toujours garder à l'esprit qu'il existe un certain nombre de choses pour lesquelles notre conscience humaine ne peut faire défaut, ou symétriquement, qu'il existe un certain nombre de choses pour lesquelles notre conscience contemporaine fait effectivement défaut. Les cycles sont de ces choses absconses qui laissent bientôt entrevoir un champ plus vaste que l'extériorité des évènements qui nous traversent.

« En premier lieu, j'imagine distinctement cette quantité que les philosophes appellent vulgairement la quantité continue, ou bien l'extension de longueur, largeur et profondeur, qui est en cette quantité, ou plutôt en la chose à qui on l'attribue.

De plus, je puis nombrer en elles plusieurs diverses parties, et attribuer à chacune de ces parties toutes sortes de grandeurs, de figures, de situations et de mouvements ; et, enfin, je puis assigner à chacun de ces mouvements toutes sortes de durées.

Et je ne connais pas seulement ces choses avec distinction lorsque je les considère ainsi en général ; mais aussi, pour peu que j'y applique mon attention, je viens à connaître une infinité de particularités touchant les nombres, les figures, les mouvements, et autres choses semblables, dont la vérité se fait paraître avec tant d'évidence et s'accorde si bien avec ma nature, que lorsque je commence à les découvrir il ne me semble pas que j'apprenne rien de nouveau, mais plutôt que je me ressouviens de ce que je savais déjà auparavant ; c'est-à-dire que j'aperçois des choses qui étaient déjà dans mon esprit, quoique je n'eusse pas encore tourné ma pensée vers elles. »

– René Descartes, *Méditation Cinquième :
de l'essence des choses matérielles*, 1641

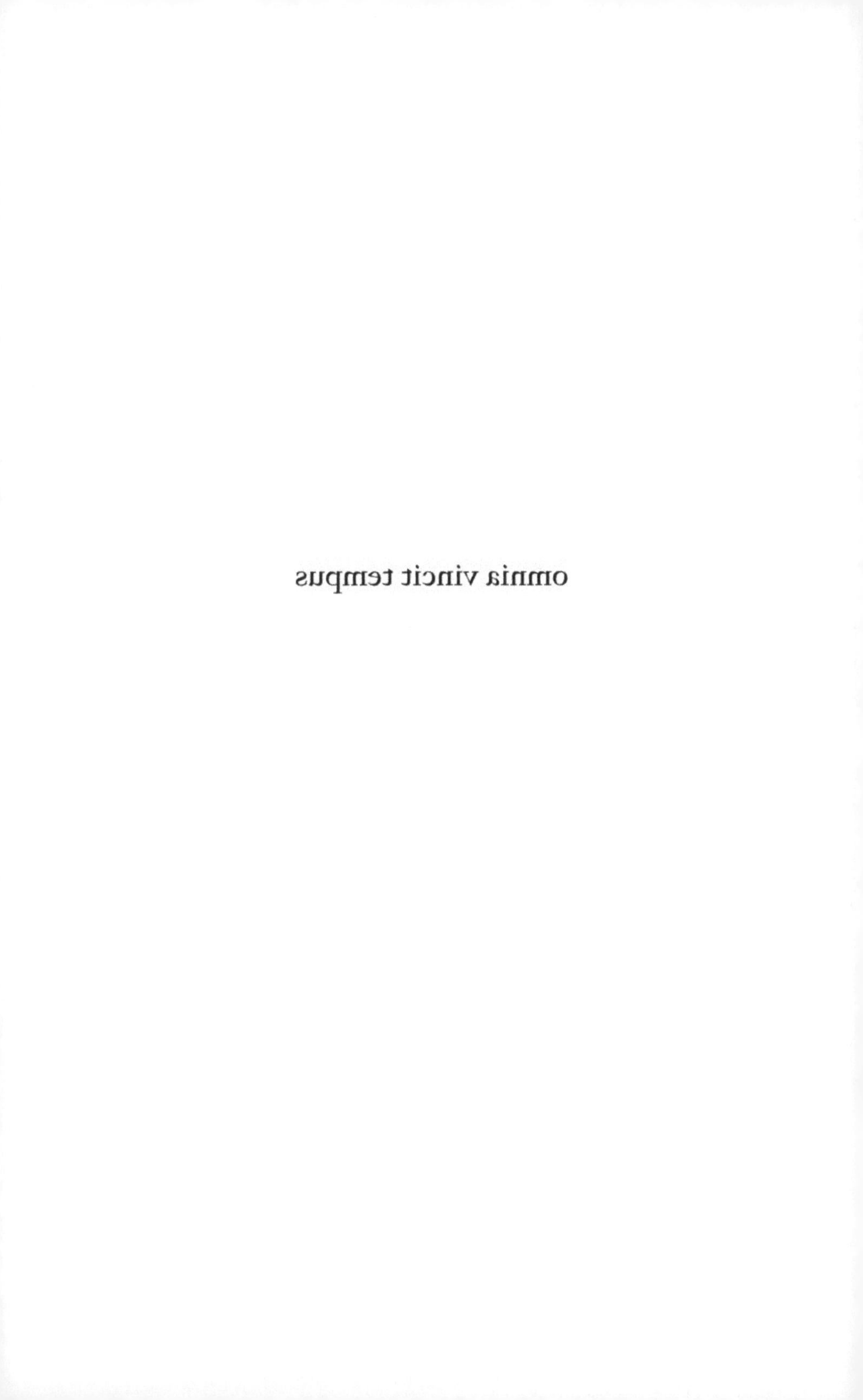

omnia vincit tempus

Bibliographie et références

La Croix de Berny (1845), page 28, Théophile Gautier.
Fractals and Scaling in Finance (1997), Benoît Mandelbrot, from Foreword and Preface, page 1.

Long Waves in Economic Life (1926), Nikolaï Kondratiev.
The Tunnel Thru the Air (1927), William Delbert Gann.

Benners's Prophecies (1884), page 43, Samuel Benner.
Formes traditionnelles et cycles cosmiques (1970), page 9, René Guénon.

De la nature, Parménide, VIII, traduction française de Paul Tannery.

Pensées pour moi-même (170-180), Marc Aurèle, Livre II.

Formes traditionnelles et cycles cosmiques (1970), page 19, René Guénon.
Discours de la Méthode (1637), René Descartes, page 101, Éditions du Centaure, 1928.

Formes traditionnelles et cycles cosmiques (1970), page 51, René Guénon.
Discours de la Méthode (1637), Introduction par Paul Rives, Éditions du Centaure (1928).
Des crises commerciales et de leur retour périodique en France, en Angleterre et aux États-Unis (1862), page 253, Clément Juglar.
Business Cycles (1939), Introduction (page 5), Joseph Aloïs Schumpeter.
The Solar Period and the Price of Corn (1875), William Stanley Jevons.
Physical Economy – A Preliminary Inquiry Into the Physical Laws Governing the Periods of Famines and Panics (1847), Hyde Clarke.

Commercial Crises and Sun-Spots (14 novembre 1878), William Stanley Jevons.

Des crises commerciales et de leur retour périodique en France, en Angleterre et aux États-Unis (1862), page 202, Clément Juglar.

Cycles et tendances dans les facteurs économiques (1923), Joseph Kitchin, version française chez JDH Éditions (2023).

Long-Wave Rhythms in Economic Development and Political Behavior (1991), page 17, Brian Berry.

Benner's Prophecies (1884), page 111, Samuel Benner.
Qu'est-ce que le cycle de Benner?, Cointribune, 19 avril 2023, Thomas Andrieu.

Benner's Prophecies (1884), page 43 et Conclusion, Samuel Benner.
Business Cycles (1939), Joseph Aloïs Schumpeter.

Cycle : the Mysterious Forces that Trigger Events (1971), page 2, Edward Dewey.

The Law of Vibration: The Revelation of William D. Gann (2013), Tony Plummer.
Forecasting Financial Markets (2010), Tony Plummer.

Long-Wave Rhythms in Economic Development and Political Behavior (1991), Introduction, Brian Berry.
Fractales, hasard et finance (1997), page 163, Benoît Mandelbrot (1924-2010).

Fractals and Scaling in Finance (1997), Benoît Mandelbrot, from Foreword and Preface, page 1.

Economic Cycles: their Law and Cause (1914), Henry Ludwell Moore.

L'analyse technique (2014), 7e édition, Economica. Par Thierry Béchu, Éric Bertrand, et Julien Nebenzahl.
Indicateurs techniques : Interférences constructives et interférences destructives, Cointribune, Thomas Andrieu, août 2022.
En finir avec le règne de l'illusion financière (2022), Jacques de Larosière, Éditions Odile Jacob.

BIS Bulletin, N°67, *Does Money Growth Help Explain the Recent Inflation Surge?*, Claudio Borio, Boris Hofmann and Egon Zakrajšek.

Investir à long terme (2018), Francisco Garcia Paramés, Valor Éditions.
Histoire de l'économie mondiale (2021), Jean-Marc Daniel, Éditions Tallandier.

The Real Rate of Interest from 1800-1900, Jeremy S.Siegel.

Traité Des Monnaies (1355-1360), chapitre II, puis chapitre XI, Nicolas Oresme.
Perspectives économiques pour nos petits-enfants (1930), extraits divers, John Maynard Keynes.

Essai sur les origines de la monnaie (1979), Jean-Michel Servet.
Demography and the Long-Run Predictability of the Stock Market, John Geanakoplos, J.P. Magill, Martine Quinzii (August 2002).

Randall W, Moos WS. *The 11-Year Cycle in Human Birth*, Int J Biometeorol. (may 1993)

Fractales, hasard et finance (1997), page 162, Benoît Mandelbrot (1924-2010).

Pensées pour moi-même (170-180), Marc Aurèle, Livre VIII.

La structure de la fiscalité dans les pays européens, l'investissement et l'emploi, 3 mai 2023, par Patrick Artus, publié sur Natixis Research.

L'endettement public peut-il être la cause du ralentissement de la productivité ?, 30 mai 2023, par Patrick Artus, publié sur Natixis Research.
Les Quatre Âges de l'Humanité (1976), page 90, Gaston Georgel.

Les Rythmes dans l'Histoire (1976), page 187, Gaston Georgel.
Méditation Cinquième : de l'essence des choses matérielles, René Descartes, 1641.

Table des matières

Bourse, économie, finance, entreprise :

Retrouvez tous les livres de notre collection et les actualités du monde économique et entrepreneurial décryptées par nos auteurs et par des chefs d'entreprise !

www.lesprosdeleco.com